八仙的故事

好神來了

郭士宏◎著

序言

中國古代流傳著許多優美動人的民間傳說，它猶如一座萬紫千紅的百花園，散發著怡人的芬芳，而八仙的故事則是這座百花園中最美麗的一朵奇葩，聞之令人心醉。

千百年來，八仙的形象已經深入人心，他們駕著祥雲、持著仙術、操著仙語，雲裡來、霧中去，馳騁於人間、天庭、陰曹地府之間，揭露人世的醜惡，扶正袪邪、懲惡揚善，總是為善良的人們帶來希望和憧憬。當我們於鬧市塵囂中一頁一頁地捧讀著他們的故事時，就猶如在沙漠中擁有了一片綠洲，精神得以淨化，生命充滿樂趣。

在此，我願以微薄之力，攀上八仙故事這顆蔥籠綠樹！摘擷幾朵最為美麗的紅花，獻給親愛的讀者，願你能從中得到美的享受。

目錄

目錄

八仙傳奇

傳說中，八仙確有其人。
有人說他們是八個技藝超群的民間藝人，
因修煉而得道成仙，
也有人說八仙並非一般凡人修煉成仙，
而原本就是瑤池的仙官、仙童、仙女，
當初被貶下凡，投胎人間，
後來上天見他們去惡揚善、
誠心修道，
才又將他們迎回天界，渡脫成仙。
然而，
不管他們是否真實存在，在老百姓的心目中，他們已經成了永恆的豐碑，成了美和善的化身。
你看那漢鍾離，挺著大肚子，手搖芭蕉扇，悠哉遊哉；
呂洞賓身背雙劍，手持拂塵，威武俊朗；
鐵枴李腰繫寶葫蘆，手拄鐵枴，痛快灑脫；
韓湘子手擎花籃，橫吹玉笛，瀟灑不凡；
張果老倒騎毛驢，揮著金鞭，閒適清朗；
曹國舅身披官服，手持玉符，嚴謹俊逸；
藍采和打著玉板，口哼歌謠，幽默詼諧；
而八仙中的唯一女性——何仙姑，她斜把蓮花，面帶微笑，
妖嬈卻不失莊重，嫵媚卻不失文靜，帶給人多少美的遐思啊！

八仙過海

傳說八仙聚齊以後，就相約到終南山上修身論道。剛開始，大家還興致勃勃地談經說法，久而久之，八仙覺得越來越沒有精神。有一天，呂洞賓突然提議道：「據說海外蓬萊仙島是個好去處，我們成仙以來，還未去遊玩過，現在大家都提不起精神，不如去仙島走走，順便散散心吧！」聽他這麼一說，其餘七仙紛紛表示贊同。於是，八位神仙帶上各自的寶貝，駕著祥雲來到東海邊上的蓬萊仙島。

蓬萊仙島果然是仙境，處處鳥語花香，仙氣繚繞。八仙上島後東走走、西逛逛，玩得快活極了。這一天，眾人正站在山崖頂上眺望海景，就看到了海天相接的地方一片黑壓壓的不知是什麼東西。還是漢鍾離眼尖，一下子看出那是一片荒島。這蓬萊仙島固然風景如畫，但八仙逛了幾日也看得厭了，正想找一些開心的去處，見有這麼一片荒島，大家紛紛提議過去看看。但是，要怎麼過去呢？中間還隔著一望無垠的大海呢！

呂洞賓提議：「我們是來遊玩的，如果駕著雲飛過去，實在沒什麼意思，依我之見，我們還是泛舟海上，方能盡興。」於是，眾人紛紛四處找船，但找了半天，一無所獲。呂洞賓見狀又提議：「咱們都不是凡人，不乘船也能渡過海去。我看，咱們就各顯本事，看誰先到達那些島上如何？」眾人覺得這個提議有意思，都同意了。

鐵拐李最先走出來，只見他動真言，將鐵枴向海裡一拋。說也奇怪，那鐵鑄的枴杖落到海面卻不下沉，反而鎮住了一層惡浪，而且鐵枴見水以後越泡越長，最後竟成了一根巨大的浮木。鐵枴李揹著他的葫蘆就跨了上去，樂悠悠地坐在浮木上對眾仙說道：「我先走了！」

漢鍾離也不甘示弱，從腰上抽出扇子，衝著扇子輕輕吹了一口仙氣，扔到海水裡，那扇子一下子變成一丈多長的一艘舢板。漢鍾離拍了拍肚子，跳上寶扇，樂呵呵地追鐵枴李去了。

韓湘子把花籃往水裡一拋，竟然變成了一艘小船，韓湘子跳上去，一邊追趕漢鍾離一邊高興地吹起了玉笛。

呂洞賓拔出雙劍朝海中一扔，變成一艘龍舟，他坐上去，悠然地吹起了洞簫。

張果老跳上驢背，揮起金鞭輕輕一甩，他的小毛驢奮起四蹄跳進了海水中，竟如同踏在芳草平地上一般，並不下沉。張果老趕驢兒悠閒地哼起了小調。

曹國舅坐在一個圓圓的漁鼓上，也一轉一轉地在海水中悠遊了起來。

何仙姑拔了一片蓮花的花瓣扔到海裡，那花瓣立即化為一艘紅豔豔的香舟，何仙姑擎著蓮花笑盈盈地坐在裡面。

最後只剩下藍采和了，只見他長衫一揮，就將手中的八片玉板放進海中，玉板竟然不沉，在海面上慢慢划動，藍采和穩穩的站在上面，玩起了衝浪。

八仙在海面上嘻鬧了一陣後，就開始各顯神通向海島奔去。

仙人們剛開始還你爭我奪，都希望第一個到達海島，後來就漸漸拉開了距離。藍采和落到了最後面，他見趕不上其他人，只好說：「你們先走，我試試我這幾塊玉板有多大的神通？」

此時，東海龍王正和蝦兵蟹將們在議事，只見水面上掠過一片白光，把整個水晶宮照得透亮，龍王不知是什麼東西，忙派巡海夜叉去查看出了什麼事。

巡海夜叉來到海面，只見八仙個個驍勇豪強，神姿不凡，駕著各自的寶貝正斬波劈浪渡海呢！巡海夜叉連忙回報：「八仙正各持寶物，爭先恐後地踩著波浪渡海，剛才那道白光是落在最後一位藍衫仙人踩著過海的八塊玉板發出的，那八塊玉板晶瑩剔透、閃閃發光，周圍的海水都被它照得發亮了。」

龍王的三太子聽完，頓時來了精神，他心想：「我們龍宮裡雖然有各式各樣的奇珍異寶，但那藍衫人的八塊玉板倒還未曾見過，不如去把它搶了來，一定十分有趣。」這三太子平時心高氣傲，誰也不放在眼裡，這次也不稟告父王就帶著蝦兵蟹將浮上海面去搶奪藍采和的玉板。

三太子從水裡探出頭一看，見藍采和已落後眾仙人好長一段距離，正滿頭大汗地往前趕，根本沒留神腳底下正有人在打他玉板的主意。三太子一聲令下，眾水卒一齊從水底把藍采和團團圍住，偷偷地從玉板底下伸出手去抓住玉板往下拽。

藍采和突然覺得腳下一沉，有人正抓住他的玉板往下拉，藍采和十分著急，喊救命怕被人嘲笑，不喊自己又想不出辦法。就在這時，眾水卒一用力，把玉板掀翻了，藍采和一下子掉進海裡，那玉板也下海底去了。藍采和想喊人幫忙，可是海水裡怎能傳出聲音。眾水卒一擁而上，有的抓腿，有的抓手，把藍采和抓得十分牢實。三太子一看大獲全勝，高興地押著藍采和，拿著搶來的玉板去向父王邀功請賞。

龍王看見玉板，知道是稀世珍寶，自是十分地喜愛，拿到手裡細細把玩，不肯放下。龍王傳令，大擺宴席，慶功獲寶。

再說那七仙爭先恐後到了海島上，一查人數，唯獨少了藍采和。起先大家以為藍采和走得慢，待會兒就能追上來，誰知等來等去久久不見藍采和的蹤影。大家議論紛紛，不知藍采和怎麼會無故失蹤。最後是鐵枴李想了想說：「這大海是龍王的管轄範圍，一定是東海龍王作怪，起碼他也脫不了關係，我們還是到龍宮裡去找找吧！」呂洞賓性子最急，他立刻跑到海邊四處眺望，平靜的海面上一望無涯，哪有藍采和的影子。於是，他就站在岸邊大聲喊道：「東海龍王，你聽著，你把人還給我就萬事俱休，要是不還，我就一把火把你的海水燒乾。」

還是三太子耳朵尖，他先聽到呂洞賓的喊叫。年輕人總是不知天高地厚，他聽呂洞賓說話如此狂妄，不由得怒火中燒，拿了兵器就跳出海面大叫道：「何人如此大的狗膽，敢在這裡放肆？」呂洞賓認識三太子，就拱拱手說道：「三太子，我是上八洞仙人呂純陽，因仙友藍采和過海時走失，我特來尋找，知道是被你龍宮扣住了，還請你回宮通報龍王，把人還給我們。」

三太子見輕而易舉地抓住了藍采和，就以為八仙的本事不過如此，因此，他根本不把呂洞賓放在眼裡。他指著呂洞賓的鼻子罵道：「老兒休得胡言亂語，識相的就快給我滾回去，要不然，休怪小爺我不客氣，連你一塊兒抓進龍宮去。」

呂洞賓見三太子承認是他把藍采和抓走了，而且說話又是如此狂妄，不由得勃然大怒，拔出寶劍就向三太子刺了過去。三太子揮起兵刃格擋，兩人戰在一處。

這三太子哪裡是呂洞賓的對手，沒幾個回合，他就招架不住了，趕忙鑽進海裡逃跑了。呂洞賓見三太子逃跑，也不追趕，只是從身後的葫蘆裡倒出了一粒紅火珠，吹了一口仙氣，那火珠一下子變成一個大火球，不一會兒，火球又變成一條張牙舞爪的火龍，那火龍直向大海深處竄去。沒一會兒工夫，那海水便被燒熱了，又燙又沸，猶如一鍋開水，熱得水卒們東跑西竄、呼爹叫娘。那龍王也被熱得坐立不安，躲又沒處躲，藏也找不到地方藏。他眼看著大家就快被烤熟了，忙對三太子說：「他們要人咱們就把人還給他們，免得惹是非，反正寶貝已經到手了。」三太子覺得有理，就吩咐水卒把藍采和送上岸去。呂洞賓見藍采和安然歸來，這才收了紅火珠，陪著藍采和去找眾仙。

眾仙見藍采和毫髮無損，都十分高興，只見藍采和悶悶不樂。一問之下，他才遲疑地說：「我人回來有什麼用，我的寶貝玉板還在他們手裡。我自投仙境以來，整日逍遙自在，哪裡受得了這種窩囊氣。眾仙兄如不能幫我出了這口氣，那我哪有臉去面對其他神仙呢！」說著，藍采和坐到一邊，生起了悶氣。

眾仙聽他說得有理，自古以來，八仙都是共患難同進退，如今藍采和的寶貝讓人搶了，這事要是傳出去八仙的臉上也無光彩。眾仙個個義憤填膺，都說龍王欺人太甚，大家紛紛想著要回玉板的辦法。

鐵枴李喝多了酒，做起事來總是冒冒失失的，他拍拍自己的葫蘆說：「剛才呂仙弟用他的紅火珠把海水燒成了一鍋熱湯，我看著手就癢癢的，我這個大葫蘆總算可以派上用場了，只要用它，就能把東海燒乾，到時候把龍王燒成一條乾泥鰍，看他還不還玉板。」

還是張果老穩重，怕事情鬧大了，對大家都沒好處，就勸鐵枴李道：「鐵枴兄先不要著急，俗話說，冤家宜解不宜結，再讓呂洞賓去看看，如果龍王死活不給，你再燒乾它也不遲。」

這時，何仙姑自告奮勇要陪呂洞賓走一趟。何仙姑和呂洞賓來到海上，大聲呼喚：「東海龍王，我仙弟藍采和的玉板尚在你手裡，請一併奉還！」巡海夜叉得報，連忙跑去稟告三太子，三太子一聽呂洞賓三番兩次地來找麻煩，心頭火起，罵道：「又是這牛鼻子老道，前番父王不願多生是非，把人白白放了，如今又來要什麼寶貝，欺負我龍宮沒人不成！」三太子點齊兵馬後，就殺氣騰騰地浮上海面。

呂洞賓見三太子這陣勢，知道他不會善罷甘休，便也不多說，抽出雙劍就和三太子戰在一處。這三太子是呂洞賓的手下敗將，只幾個回合就敗下陣去，他手下的蝦兵蟹將也被何仙姑打得四散奔逃。三太子見敗局已定，轉身就想逃回龍宮去。呂洞賓哪肯再讓他逃掉，就向何仙姑使了個眼色，何仙姑把手中蓮花往空中一扔，只見鋪天蓋地的一張大網一下子將三太子和他的蝦兵蟹將們全都網在裡面。呂洞賓大喝一聲：「畜生！還想走？」手起劍落，一劍插進三太子的胸口，那三太子掙扎了兩下就一命嗚呼了。呂洞賓殺得興起，揮舞雙劍，就如切菜砍瓜一般地將三太子帶來的蝦兵蟹殺了個乾乾淨淨。

三太子被殺的消息傳回龍宮，龍王又驚又怒。驚得是，沒想到八仙武功如此高強；怒的是，大家同是神仙，竟然毫不顧同道之誼，斬殺他的兒子。二太子見弟弟被殺，怒火中燒，點齊兵馬殺上岸來，要為弟弟報仇。何仙姑、呂洞賓奮力迎戰，誰知這二太子的武藝比起三太子來可就高明了許多，再加上他帶來的龍兵把二仙團團圍在中間，一時之間，二仙還真有些吃力。

呂洞賓見情勢不妙，知道不出法寶是不行了，只見他把雙劍向天上一擲，口中念念有詞，那雙劍突然變成千萬把飛刀直扎下來。眾水卒被這陣刀林劍雨殺得死傷無數，二仙趁機衝出重圍，正好遇見二太子。呂、何二仙合力迎鬥二太子。那二太子雖然武藝高強，又怎經得住二仙合擊，漸漸地就有些招架不住，一個不小心，就被呂洞賓一劍砍掉了右臂，慘叫一聲跌進海裡，水卒殘兵也紛紛逃回龍宮。

這時，龍王正在宮裡等消息，只見二太子捂著斷臂傷口逃了回來，手下龍兵死傷大半。龍王見八仙毫不講情面，因此勃然大怒，他深知八仙確實不好對付，單憑自己微薄的實力一定討不到什麼好處，於是傳令，調動海內十萬水卒，再派兵去南海告急，準備匯集重兵，要與八仙決一死戰，為兩個太子報仇。

再說呂洞賓、何仙姑打敗了二太子，連忙回去找眾仙商量。眾仙聽完呂、何二人的講述，知道這下子和龍王的仇可結大了，他勢必不會善罷甘休。眾仙正在商議該如何對付龍王的報復，就聽見隆隆陣鼓高響，海面上波濤洶湧，浪尖上龍王金身披掛，率領十萬大兵殺了過來。八仙不敢怠慢，連忙擺好陣勢準備迎戰。

大軍殺上岸來，龍王披掛整齊來到陣前，破口大罵呂洞賓，口口聲聲要為兒子討回公道。呂洞賓見龍王罵陣，拔出雙劍就要出戰。漢鍾離一看龍王來者不善，而呂洞賓已經連殺兩陣，恐要吃虧，就擋住呂洞賓，率先衝了出去。龍王報仇心切，早就等得不耐煩了，見漢鍾離衝出陣來，馬上挺槍衝了上去，恨不得一槍在漢鍾離胸口上扎十個窟窿。

兩人各顯本事，大戰了五十多個回合，直殺得天昏地黃、日月無光，還是不分勝負。龍王雖然勇猛，畢竟年老力衰，時間久了，漸漸力不從心，眼看就要敗下陣來。水卒兵將見龍王打不過漢鍾離，都圍上來助戰。

張果老見水卒兵將開始行動，就將手裡的令旗一搖，眾仙得令，就從四面八方衝了出來，殺聲、喊聲驚天動地。龍王一聽慌了神，他原本以為八仙也就八個人，沒想到從這喊殺聲聽來，不知道有多少兵馬潛伏在這裡。他心裡一慌，招式就有些散亂，漢鍾離趁勢一陣搶攻，殺得老龍王是左支右絀。而八仙則越戰越勇，雖然只有八個人，卻個個有萬夫不當之勇，殺得水卒兵將丟盔棄甲，屍橫遍野。龍王見大勢已去，不敢戀戰，只好率領殘兵敗將落荒而去。

眾仙正欲乘勝追擊，張果老攔住眾仙道：馴兵家常說：「『窮寇莫追』，再說，海裡是龍王的地盤，我們貿然追去恐怕會吃虧。」大家細細一商議，最後決定用火攻。鐵枴李這下可來了勁，拔開葫蘆口就衝著大海呼呼地放起火來，呂洞賓又取出他的紅火珠，化作火龍竄到海裡，內外夾攻之下，一會兒工夫就把東海給燒乾了。一時之間，海裡盡是鬼哭神嚎，水卒們四處奔逃。老龍王沒辦法，只得帶領妻兒往南海逃去，而八仙也就鳴金收兵，到島上把酒慶功去了。

卻說這南海龍王收到東海龍王的求救信，剛剛點齊兵馬準備前去助戰，只見東海龍王灰頭土臉、狼狽不堪地帶領妻兒老小前來投奔。南海龍王見大哥弄成這副模樣，大吃一驚，連忙把東海龍王接到宮中，詢問出了什麼事情。聽完東海龍王的哭訴，南海龍王暴跳如雷地說：「八仙啊！八仙，你們也欺人太甚了，即使太子奪了你們的玉板也不至於殺人害命，霸占龍宮啊！」他轉身對東海龍王說道：「大哥，你別急，待小弟為你報仇，奪回龍宮，再將八仙碎屍萬段，以消你我心頭之恨！」再說那八仙不費吹灰之力奪了龍宮，自然十分高興。這龍宮金碧輝煌，什麼奇珍異寶，應有盡有，八仙在龍宮裡晃了半天還看不完。他們轉到後宮，發現藍采和的玉板正好端端地放在那裡，藍采和連忙上去收起玉板。眾仙見玉板已經找到，十分高興，就搬來龍宮裡珍藏的玉液瓊漿，暢飲起來，個個喝得酩酊大醉。這一切，都被南海龍王派來的探子看得清清楚楚。

南海龍王得報，高興得手舞足蹈說：「你們如此狂妄自大，住在龍宮裡不說，還喝得大醉，看來今天就是你們的死期，讓你們嘗嘗海水是什麼滋味。」原來，這南海龍王早想出一個水淹八仙之計。他立即寫了幾封急信，派人送去給西海和北海龍王，要他們隔天五更一聽到連珠炮響就一齊決水助戰，動用四海的水淹八仙。

張果老經驗老道，知道龍王絕不會善罷甘休，因此，在別人狂喝亂飲的時候，他只喝了幾杯。四更天的時候，他突然聽見遠處傳來一陣嘩嘩的響聲，就趕忙叫醒眾仙。大家側耳細聽，何仙姑突然叫道：「不好！那是水聲，我們這地方地勢低窪，龍王是想用水淹我們。」眾仙一聽有理，連忙衝出龍宮，往岸邊跑去。才跑幾步，就聽見一聲炮響，四面喊殺聲震天，潮水轟隆隆咆哮著從四面八方像山一樣撲了過來，不一會兒，大水就淹沒了龍宮，八仙都泡在水裡。

這八仙在陸地上個個有萬夫不敵之勇，可是一到了水裡，卻只有亂撲騰的份兒。眼看著八仙就要葬身於此，驚慌失措之際，曹國舅突然想起他有避水腰帶，連忙抽出腰帶。說也奇怪，他把腰帶一揮，水就自動讓開一條路，眾仙急忙擠到曹國舅身旁，連滾帶爬地向岸上逃去。那四海龍王水淹龍宮之後，就坐在水面上等八仙淹昏了再一個一個抓起來，可是等了半天，也沒見到一點動靜。四海龍王以為八仙全都淹死了，就命令鳴金收兵。

八仙跌跌撞撞地逃回岸上，看著自己的狼狽相，真是有一肚子氣沒處撒。想他們自成仙以來，降妖除魔，戰無不勝，各路神仙無不敬仰他們，哪知在這東海上栽了一個大跟頭。呂洞賓脾氣最是剛烈，就跳起來說：「今日我等受此侮辱，如果不挽回點面子，以後如何有顏面在仙界立足。他龍王能用水淹我們，我們就一齊把泰山移來填平他的東海！就算壓不死龍王，也壓碎他的水晶宮，叫他無處安身！」

眾仙都在氣頭上，聽他一說，紛紛表示贊同。於是，八人駕雲來到泰山腳下，八個人站在泰山的八面，一齊使勁，只聽得「轟隆隆」一陣巨響，巍峨的泰山竟然被他們抬了起來。八人再合力一拋，整個泰山黑壓壓一片，直向東海壓去，不一會兒工夫，煙霧散開，眾人定睛觀看，哪裡還有什麼大海，原來的萬頃碧波已變成了廣闊平地。八仙這回可出了這口悶氣，而且過海也方便多了，再也不需要什麼渡海工具，一蹦一跳地就過海去了。

那四海龍王以為八仙已死，正在水晶宮裡飲酒慶功呢！就聽得天崩地裂一聲響，突然飛沙走石，四人抬頭一看，一大塊黑黝黝的石頭鋪天蓋地壓了下來，幸好南海龍王機敏，拉起三海龍王就跑，才沒被泰山壓個正著。四海龍王逃過大難，回頭觀看，只見泥水飛濺，整座泰山值一進海裡，滄海變成了桑田，四人氣得差點斷氣。從此，龍王和八仙結下了不共戴天之仇。

八仙度劉海

劉海和金蟾也是有名的神仙，傳說中，他倆原是夫妻，由八仙度化成為神仙，這到底是怎麼回事呢？

相傳，劉海和金蟾兩情相悅，結為夫妻以後，男耕女織，小倆口的日子過十分甜蜜。人們常說：「天無百日晴，花無百日紅。」這話一點都不假，小倆口的好日子沒過幾年就到頭了。

有一年夏天，天上突然颳起了大風，不一會兒，暴雨傾盆而下。在狂風暴雨之中，幾條巨龍張牙舞爪地圍著劉海轉圈。當時金蟾剛好不在家，只有劉海一人在屋裡。房上的草被大風颳走了，暴雨把房子和劉海澆了個透濕。後來，那幾條龍轉了幾圈就走了，說也奇怪，這幾條龍一走，風立刻停了，雨也不下了。

晚上，金蟾回到家裡，劉海就把這些怪事給金蟾說了。沒想到金蟾聽了劉海的話，臉上的笑容就消失得無影無蹤，從此整天愁眉苦臉，唉聲嘆氣。劉海以為金蟾是為了被毀壞的房子難過，就安慰她說：「房子壞了我們再蓋新的不就成了，妳何必這樣苦惱呢！」

金蟾嘆了口氣說：「你哪知道呀？我哪是為房子難過啊？」

劉海忙問：「那是為什麼？」

金蟾突然淚水汪汪地對劉海說：「你知道我是金蟾變化而成，你知道我的身世來歷嗎？」

劉海搖了搖頭說：「這我還真不知道，我看妳不願說，我就沒問。」於是，金蟾就詳詳細細講起自己的身世來。

金蟾本是王母娘娘玉池裡養的一隻金蟾，整日只能在小小的玉池裡游來游去，真是悶死了。有一次，金蟾趁王母娘娘不在，私自跑到凡間玩耍。後來，王母娘娘知道了這件事情，十分生氣，就依照天規把金蟾打下凡間，關在一個水井裡受苦，還派了一條青龍看著。

有一天晚上，金蟾玩性又起，趁青龍打盹的時候，偷偷跑到劉海的菜園裡捉蟲玩，青龍一覺醒來，發現金蟾不見了，最後在劉海的菜園裡抓住了她。

就在青龍要懲罰金蟾的時候，幸虧看管菜園的劉海出手相救，殺死青龍，金蟾感激劉海的救命之恩，就留下來幫劉海料理家務。日久情深，兩人才結成了夫妻。

金蟾講完身世，就對劉海說：「我們殺死了青龍，王母娘娘不會放過我們的。今天天颳大風，突降暴雨，就是天上的幾條龍來找青龍的。只因我不在家，他們才沒有出手，如果我猜得不錯，他們還會再來的。」

劉海一聽，真是氣憤填膺，罵道：「那個老妖婆真壞，有朝一日，我要讓她知道我的厲害！」

金蟾苦笑了一下說：「你是個凡人，又能把她王母娘娘怎麼樣？天上那麼多神仙都對她忌憚三分呢！」

劉海剛才說的不過是一句氣話而已，聽金蟾這麼一說，急得直搓手，嘴裡直問：「那怎麼辦呢？那怎麼辦呢？」

忽然，劉海腦中靈光一閃，高興地叫了一聲：「有辦法啦！」

金蟾忙問：「有什麼辦法？」

劉海激動地對金蟾說：「妳聽說過何仙姑成仙的故事嗎？」不等金蟾回答，他又接著說：「那何仙姑在成仙之前是個苦命的丫環，她的主人對她可不好啦，動不動就又打又罵，後來鐵枴李和呂洞賓等仙人見她心地善良，就把她從那對惡人的手裡救了出來，點化她成了仙。我聽人家說，這八仙最愛管人間的不平事，連王母娘娘也奈何不了他們，我去找他們幫忙。」

金蟾在天上時也對八仙有所耳聞，也知道他們神通廣大，就點點頭說：「八仙神通廣大，確實能救我們，但遠水救不了近火，你知道他們在什麼地方嗎？怎麼找得到他們呢？」

劉海堅定地說：「為了妳，無論走到天涯海角，我也一定要找到八仙！」

金蟾見劉海為了她如此勇敢，深受感動，就不再阻攔，她對劉海說：「劉郎，你去吧！我一定在家等著你。我也沒什麼能幫助你的，你去拿根針來，把我頭上的幾個小包扎破，取出裡面的蟾酥，那是我煉製了八百年的仙藥，你把它喝下去，就有力氣了。」

劉海哪裡忍心這樣做啊，他疼愛地說：「這怎麼行，那針扎在頭上多疼啊！」

金蟾一再勸他：「為了以後的幸福，現在也顧不了這許多了，你就快扎吧！」

劉海終於還是被金蟾說服了，他拿出一根細針向金蟾頭上的小包扎去。那金蟾痛得渾身直打顫，豆大的汗珠就像雨點一樣往下流，看得劉海再也不忍心再扎了。

金蟾咬緊牙關，忍住劇痛，不斷催促劉海再扎。劉海狠下心來，又扎了幾針，方才取出小半酒盅蟾酥。用酒沖開喝了下去。劉海剛把蟾酥喝下肚，就覺得口裡直往外冒涼氣，全身大小的關節一陣亂響，只覺得神清氣爽，渾身有勁。劉海輕輕跳了跳，沒想到一下跳到了半空中。

劉海這下樂壞了，哈哈笑道：「這下我有勁了，找八仙一定沒問題啦！」

劉海揹起行李，帶著乾糧，依依不捨地辭別了金蟾，就大踏步去找八仙了。

劉海找八仙的心情十分急切，他不分白天黑夜，一直往前走，尋訪著八仙的蹤跡。渴了，捧起河溝裡的水喝幾口；餓了，掏出身上帶的乾糧咬幾下；累了，坐在路邊歇一會兒。他不停地走了好幾天好幾夜，渡過了許多河，翻過了無數座山。

這一天，劉海一抬頭，突然看到眼前碧波萬頃，直伸展到天邊去，沒有盡頭，原來，他已經來到了大海邊。前面已經無路可走了，劉海也實在累得走不動了，就往海邊的一塊大石頭上一躺，迷迷糊糊的睡著了。

劉海實在太累了，累得連漲潮也不知道，而海水直往上漲，小山一樣的海浪呼嘯著直向岸邊撲去，濺起一丈多高的水花。片刻之間，那海水就漲到了劉海身下的石頭邊，眼看著劉海就要被海水吞沒了。就在這時候，突然從半空中跳下八個人來，領頭的正是鐵枴李，身後跟著呂洞賓、張果老、曹國舅、藍采和、韓湘子、漢鍾離及何仙姑。原來，這八仙正在大海上空騰雲駕霧地走著，突然看到海邊的大石頭上睡著一個人，眼看海水就要漲到他身邊了，仍然沒見他有什麼反應。眾仙急忙按落雲頭落到海邊。大家看到海水來得又猛又快，只怕等他們來到那人身邊，海水早把他捲走了，都很焦急。

只有張果老拍拍他的驢子，不慌不忙地說：「大家不要著急，這海水漲得再快，也不夠我的毛驢喝的。」他說罷，就衝驢屁股上拍了一掌，那毛驢倒也聽話，飛快地跑到海邊，把頭往海裡一伸就咕嚕咕嚕喝將起來。才一眨眼的工夫，那眼看就要淹沒劉海的海水就退了。眾仙趕忙把劉海叫醒，問他姓什麼、叫什麼，家住哪裡？到這裡來幹什麼？

劉海仔細把八個人打量了一番，又問清了八人的姓名，才知道是自己要找的仙人到了。劉海不禁暗自慶幸：「真是踏破鐵鞋無覓處，得來全不費工夫啊，沒想到我找了這麼久沒找到的仙人，卻在我睡著的時候來到眼前。」劉海一下子跪倒在地，把自己和金蟾的事情從頭到尾，一五一十的全說給八仙聽，最後請求八仙一定要救救金蟾。八仙聽了他倆的事，都很感動，八人一商量，決定幫這個忙。於是，眾仙駕起雲頭，帶了劉海，就火速趕去搭救金蟾。

再說那天那幾條天龍奉王母娘娘之命去找青龍，他們圍著劉海家轉了幾圈均一無所獲，就急忙回到東海向老龍王報告情況，老龍王不敢怠慢，趕緊跑到天宮去向王母娘娘稟告。王母娘娘聽了，心中奇怪，就扳著指頭一算，原來那青龍已經被劉海打死了，金蟾和劉海也已經結成夫妻。王母娘娘勃然大怒，馬上派遣了雷公、電將，率領了百名天兵到劉海家去把金蟾抓回天界來受罰。雷公、電將點齊兵馬，就浩浩蕩蕩殺奔下界而來。

天兵、天將把劉海的屋子圍了個水洩不通，其中兩人就衝進屋裡去抓人。金蟾一個弱女子，哪是天兵對手，沒幾下就被天兵抓住了，押出屋外。雷公、電將見大功告成，就要帶金蟾返回天宮，恰在此時，劉海領著八仙趕到了。八仙攔住天兵、天將，勸他們放了金蟾，說他們會到王母娘娘那裡去求情的。誰知雷公、電將仗著王母撐腰，死活不肯放人，雙方爭執不下，於是各亮兵器，殺作一團。這些天兵、天將，抓抓小仙還行，哪裡是八位大仙的對手？八仙各使法術，大顯神威，把雷公、電將打得丟盔棄甲，拋下金蟾，狼狽地逃回天上去了。

八仙得勝了，劉海過去扶起金蟾，向八仙一一道謝。

八仙對劉海夫婦說：

「天兵、天將暫時被我們打跑了，不過他們一定不會這樣算了，以後肯定還會來找你們的麻煩。這樣，我們八人傳你們一些法術，你們再找一個無人的地方修煉，如果成了正果，王母娘娘也就對你們無可奈何了。」

於是，八仙紛紛把自己的拿手法術傳給劉海和金蟾。

後來，夫妻兩人尋了一處深山潛心修煉，終於也入了仙界，成為仙人。那王母娘娘上次吃了敗仗，十分嫉恨八仙，但八仙神通廣大，她倒也奈何不得，只好又派人到下界抓捕劉海和金蟾，誰知派去的人回來說，兩人已不知去向，事情也就不了了之了。

醉八仙

在浩如煙海中國武術門類中，有一「醉」字門武功，包括醉拳、醉刀、醉槍、醉劍、醉棍等。這「醉」門武功風格獨特，名揚海內外。傳說，這醉拳是八仙創制的，因此叫「八仙醉拳」，也有人叫「醉八仙」。

相傳很久很久以前，在一個依山傍水的小村莊裡，住著一位青年，因為他長得膀大腰圓，力大無比，脾氣倔強，大夥都他叫「強牛」。

這強牛雖然脾氣倔強，但聰明好學，吃苦耐勞。他從小就有個志願，要學一身的好本領，懲奸除惡，替老百姓做好事。於是，他拜在一位拳術大師門下習武學藝。由於他勤於鑽研，刻苦鍛鍊，武功進展很快。可是他年齡太小，火候沒到，每次比武都被師兄打倒在地。對此，強牛很不服氣，更加努力習武，暗下決心下次一定要勝過師兄們。

這一天中午，太陽火辣辣地照著大地，師兄們都跑回去睡午覺去了，只剩下強牛一個人還留在樹林裡，細細琢磨武功，思考著怎麼樣才能勝過師兄們。他一邊比劃一邊想，突然，不遠處的樹上傳來了一聲尖厲的猿啼。他抬頭觀望，只見樹上有兩隻野猴正在互相撕打。一隻長得身寬體胖，像一個彪形大漢，另一隻卻是身材瘦小，短小精悍。那「大漢」一樣的猴子氣勢洶洶，張牙舞爪，恨不得把那瘦小的猴子撕成碎片，而那瘦猴子卻像得了重病一樣，一副昏昏欲睡的樣子。強牛心想：那瘦猴子今天可有苦頭吃了。正想著，那隻胖猴子已經開始進攻了，牠一個泰山壓頂向瘦猴子猛撲過去，眼看瘦猴子一副弱不經風的樣子，馬上就要亡命於利爪之下，誰知那瘦猴子突然身兒一斜，飛起一腿，正中胖猴子的腹部，胖猴子猝不及防，從樹上跌落地上。那胖猴子掙扎了半天才從地上爬起來，一瘸一拐地狼狽逃竄。那瘦猴子高興地叫了幾聲，蹦跳著走了。

強牛回想著剛才那場猿猴格鬥，忽然心中一亮，高興地大叫起來：「行了，有招了！」

半個月很快過去了，又到了師父考察弟子武功的時候，輪到強牛和他師兄登場了。平時，強牛一上來就氣勢洶洶地向師兄猛撲過去，這一次可不同了，強牛就像大病未癒一般，走在路上一路搖晃，歪歪扭扭。師兄們看到這裡都忍不住發笑，但真正和他動起手來，才知道他這招的厲害。

強牛的招式剛柔相濟，聲東擊西，指左打右，打得眾師兄暈頭轉向，不知所措。沒一會兒，幾個師兄就都敗下陣去。

強牛見第一次打敗了師兄們，以為師父會誇他幾句，誰知師父突然站起來，指著他的鼻子喝斥道：「你這些亂七八糟的武功是從哪裡學來的？我們的武藝講究拳有規矩，招招見出處，你這樣胡打一氣，豈不是要破壞了拳術門庭嗎？」師父一氣之下，把強牛趕出了師門。

強牛委屈地回到家裡，心裡怎麼也想不通，為什麼徒弟非要和師父一模一樣呢？我用這亂七八糟的拳，怎麼就勝過你那些規規矩矩的拳法呢？你不教我，我還懶得練你那些三腳貓拳法呢！我就自己練我的這套病猴子拳。

這強牛的牛勁兒一上來，八匹馬也拉不住。他在村東頭開了一座酒店，取名叫「醉倒八仙」，還定了許多怪規矩。別的酒店用碗盛酒給客人喝，他這裡可不這樣，不給碗，要喝就抱著罈子喝；別的酒店酒菜擺在桌上，人坐在椅子上吃喝，他的店裡則不，他店裡的桌椅全都一樣高，客人們必須背對背坐在桌上，在椅子上吃菜喝酒。更怪的是，別的店待客都是用雙手端來酒菜，他則叫店裡的夥計必須身體倒立，用兩隻腳送酒菜。你別看他店裡的規矩怪，生意反而不錯，許多人就是衝著這些怪規矩來的。

這天一早，夥計剛把店門打開，就從外面闖進了八個人。七男一女，三老五少，有胖子還有跛子，其中一個還牽了頭驢。這幾人也不客氣，往桌上一坐就直嚷嚷拿酒來。強牛連忙叫夥計上去照應著，每人先上了兩碟菜一罈酒。這些人也不吃菜，提起酒罈，一揚脖子，咕咚咕咚就喝起酒來，一口氣就把一罈子酒全喝了個乾乾淨淨，一滴未剩。

強牛什麼樣的人沒見過，還真沒見過這麼樣喝酒的人，十分佩服，不等他們吩咐，就先示意夥計再每人送上一罈酒去。誰知道，這些人個個是海量，從日出喝到日落，從日落喝到日出，沒見誰停過一下，更沒有人嘔吐過。眾人還想喝，可是店夥計跑到院裡一看，十大滿缸的酒全都被他們喝光了，哪還有酒賣給他們。

那些人見沒酒了，於是一個個打著酒隔站起來，酒力一發作，一個個東倒西歪，左搖右晃的。那個跛著腳，長著絡腮鬍子的人大著舌頭、結結巴巴地對店夥計說道：「去，去告訴你們……店東家，這帳先……先欠著，我們都醉了，叫……叫他出來送……送行！」

強牛氣得頭髮直豎，心說：「你們喝光了我的酒，不給錢倒也罷了，還要我給你們送行，這口氣我可忍不住。」他跳到那八人面前，攔住去路說：「各位客倌，吃飯給錢這是天經地義，對不起，本店是小本買賣，概不賒欠，今天你們少一文錢也休想出我的店門！」

一個挺著大肚的人邊吐著灑氣邊走到強牛面前說：「賣酒的，哪那麼囉嗦，說好了日後算帳，你不讓我們走，小心挨揍！」

這一句話一下子把強牛的牛性子惹起來了，他把牛眼一瞪，拍了拍袖子，衝著八人吼道：「喲，你們還挺橫，來來來，不怕死的過來！」

這時候，八人中那個水靈靈的姑娘走上前來說：「小兄弟，打架可以，不過咱們得訂個規矩。我們八人逐個與你交手，誰打贏你誰就可以走。要是我們全都打贏了你，那些酒錢就算了，你還得把我們送到附近的客店，如果我們有一個人被你打倒，我們馬上賠你十倍的酒錢，你看怎麼樣？」

這強牛自從下山以來，日日苦練他的病猴拳，沒想到還真練成了，附近好多拳師都敗在他的手下。為此，強牛不免有些心高氣傲，從不把別人放在眼裡，今天看看對方不是老頭就是書生模樣，還有一個弱不經禁風的姑娘家，就更加目中無人了。他一陣冷笑，說道：「你們自己討打，可別怪我不客氣！」說著，拉開架式，等著對方一個人過來接招。

對方陣中走出一人，左手抱著個酒罈子，嘴巴靠在罈邊，一邊走一邊說：「我睏得很，想早點回去睡覺，就讓我先來接小兄弟幾招吧！」

那人並沒有放下酒罈，只伸出右手與強牛比試。強牛見對方如此輕視自己，氣得哇哇亂叫。揮動著雙拳就衝了上去。等到交上手以後，強牛才暗自吃驚，只見這人眼疾手快，醉中藏著醒，行跡飄忽不定，拳法綿中裹針，雖然只有一隻手，強牛卻覺得有千百隻手圍著自己打轉，一時之間再也招架不住。

突然，那人把酒罈往前一送，強牛還來不及反應，酒罈口已經靠在了他的嘴上，只聽那人叫道：「敬你點酒！」便有一口濃酒直灌進強牛口鼻裡，嗆得他險些摔倒在地。那人見好就收，也不緊逼上前，就搖搖擺擺走出門去了。

接著，那個牽驢老頭走過來說道：「老夫有急事，也得先走了。」強牛見他已經鬚髮雪白，心想：「這老頭兒年老力衰，我就給他幾下狠招，他一定招架不住。

強牛大吼一聲，揮起「呼呼」風響的拳頭，對著老頭狠砸起來。誰知那老頭看似年邁，腿腳卻很靈活，無論強牛如何揮舞拳頭，總是差那一點才打得到身上。強牛打了半天，連老頭兒的衣邊都沒沾到，不覺有些心慌，就在這時，就聽「撲通」一聲，強牛還沒弄明白怎麼回事，就被那老頭兒的脊梁死死壓在地上。強牛想從地上撐起來，哪知背上那老頭就像有千斤重，壓得他動彈不得。那老頭兒拍著身下的強牛說：「好舒適的床呀！」說完，他立起身也慢悠悠地走了出去。

接下來，強牛又和另外五個醉鬼交了手，都被打得慘敗。最後，屋裡就只剩下那個長相水靈的姑娘了。她咕嚕嚕先灌了兩口酒，衝著強牛嫣然一笑道：「賣酒的，現在就剩下我一個人了，再打不過我，你可就輸了！」

強牛連敗了七回，在夥計們面前丟盡了臉面，正需要贏一局找回面子，看到姑娘那弱不禁風的樣子，心裡暗喜，心想：「別人我打不過，打妳應該沒問題吧！」

誰知一交手，強牛才知道自己又錯估了。別看那姑娘一副柔弱的樣子，行動倒是挺迅捷的。強牛就看到一道青影，如穿花蝴蝶般在身前身後繞來繞去，追得他團團轉，沒一會兒就轉得頭暈目眩，一屁股坐在地上。姑娘咯咯一笑，邁著輕盈的步子走出門去。不一會兒，強牛就聽到門外傳來一陣哄堂大笑，想來是姑娘把自己剛才的狼狽相說給另外七個人聽了。

強牛聽見眾人的嘲笑聲，心裡可不是滋味了，心想：「今天我的面子可是丟大了，以後在這村裡還怎麼混啊！不行！一定得把這個面子爭回來。」強牛咬牙切齒地追到屋外，門前連個人影都沒有，強牛倒有些莫名其妙了。忽然，聽到頭頂上有人說話：「小兄弟，多謝你的酒，免送了！」他抬頭一看，那八個人駕著雲頭飄飄然走遠了。

強牛看得直發愣，心想，這是哪路神仙，專門跑來戲耍我。忽然，一個小夥計喊起來：「怪了，怪了，十個大空缸子全裝滿酒啦！」

強牛忙跑去一看，十口原本被那八人喝空的大酒缸裡面，裝滿了酒，酒的香氣飄滿了院子，聞起來讓人想流口水。

強牛突然回過味兒來，他猛一拍腦門，叫道：「哎喲，我怎麼沒想起來，剛才那夥人不多不少，剛好八個，不正是八仙嗎？」

「八個人就是八仙啊？」小夥計挺愛抬槓。

「你們沒看到那第一個和我交手的人，嘴巴老靠在罈口上，口對口不是個『呂』字嗎？那人準是呂洞賓。還有，那個女的一定是何仙姑，那牽驢肯定是張果老……」

聽強牛這麼一提醒，大家想了想，越想越覺得就是八仙。

「可是，八仙為什麼要找你打架呢？」那個愛抬槓的小夥計仍然有疑問。

強牛洋洋得意地說：「這還看不出來呀，他們是見我練了一套病猴子拳，想來和我比劃比劃，也可藉機點撥點撥點我的功夫呀！」夥計們想了想剛才八仙的拳招，發現那八仙的醉招和強牛的病猴子拳還真是一個味兒。

強牛心頭大喜，連忙一招一式地回憶剛才八仙和他比式時用過的拳法，一邊想還一邊比劃，這樣花了幾天功夫，還真讓強牛全學會了。連起來耍了一通，發現不用絲毫改動就是一套招法怪異的好拳術。

強牛根據哪一招是哪一個神仙耍的，給這些招式一一取了一個好聽的名字。第一式是呂洞賓耍出來的，還藉機敬了他一口酒，於是叫「呂洞賓浪步讓酒」，第二式張果老把他當成了一張床，於是叫「張果老醉臥牙床」，後面依次是「曹國舅奪碗托箸」、「韓湘子推杯換盞」、「漢鍾離自斟自飲」、「鐵枴李掀桌踢凳」、「藍采和捽杯醒酒」、「何仙姑晃罈痛飲」。這一套拳法比起強牛創制的那套病猴拳來可是高明太多了。

他憑著這套醉拳，走南闖北罕逢敵手，許多人都慕名來學他的這套功夫。拳法出名了，總得起個響噹噹的名字吧！因為這是八仙喝醉酒的時候打出來的，人們就叫它「醉八仙」。

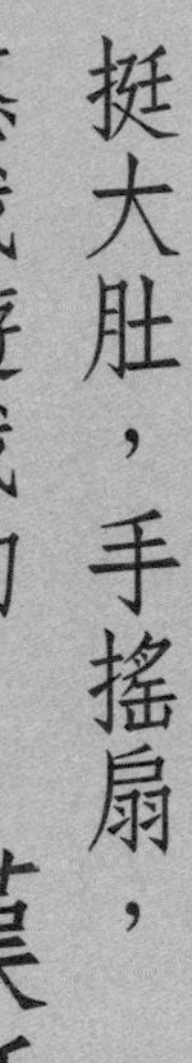

挺大肚，手搖扇，悠哉遊哉的——漢鍾離

很多人都以為漢鍾離姓漢名鍾離，
其實「鍾離」才是他的姓，
至於為什麼在姓前面加個漢呢？
看完下面這個故事就知道了。

千年將軍

漢鍾離原名叫「鍾離昧」，是西楚霸王項羽手下的一名將官。他善使大刀，驍勇善戰。那時候，韓信還是一名小兵，但鍾離昧卻和他十分要好。後來，當韓信受到劉邦重用，幫助劉邦爭奪秦朝江山時，鍾離昧就歸降了韓信，四處征戰，為劉邦開國立下了汗馬功勞。儘管如此，他卻不能博得漢王劉邦的好感。

這一天，正是十月天氣，天上颳著呼嘯的北風，飄著細碎的雪花，猶如梨花亂舞，柳絮紛飛。漢王劉邦正圍著火紅的火爐悠閒地喝著暖酒。突然，一個傳信兵驚慌地衝進營帳，跪倒在地。劉邦抬頭一看，這人跑得渾身大汗，還大口大口地呼著熱氣，一見就是星夜兼程趕了不少路來的。

那人來不及拍去身上的雪花，也不等劉邦發問，就衝劉邦喊道：

「陛下，大事不好了，有人上書說楚王韓信起兵造反了！」

劉邦聽聞此言，嚇得「啊」的一聲跳了起來，手中酒杯「噹啷」一聲落進了火盆裡，「呼」地竄起一股高高的紅綠火苗。韓信手握重兵，又用兵如神，為漢朝開國立下了首要戰功，正所謂功高蓋主，而劉邦一向就提防韓信，怕他奪取自己的皇位。沒想到怕什麼偏來什麼，韓信果然起兵造反，劉邦怎會不驚慌失措。

這時，劉邦面色如土，喃喃地自言自語道：

「韓信呀，韓信！孤王一向待你不薄，你竟然做出這種大逆不道之事？真是氣死我也！」

沒過一會兒，劉邦的文臣武將也得到了消息，匆匆趕來，只見劉邦面色醬紫，一聲不吭，只是不斷地用火箝翻弄火盆中的炭火。大家見劉邦生悶氣，誰也不敢說話。過了好一會兒，劉邦突然「噹」的一聲，把火箝扔出去老遠，抬起頭來看看眾將官，問道：

「韓信造反的事你們都知道了，現在你們說說該怎麼辦？」

大家見漢王問話，就忙異口同聲地回答：「快快發兵，征討韓信！」

劉邦看了大家一眼，又不說話了。劉邦對韓信可謂是又愛又怕。因為，韓信是一個不可多得的將帥，有經天緯地之才，而他從小家裡貧窮，曾遭受胯下之辱，從此發奮圖強，飽讀兵法韜略，胸中自有十萬兵。秦末農民大起義時，韓信剛開始投靠項羽，卻沒有受到重用，後來一氣之下轉投了劉邦，卻只得了個小官，韓信忿忿不平，月夜逃離，經蕭何追回並極力舉薦，才得到劉邦重用，任命為大將軍。從此，韓信方是如魚得水，為劉邦攻城拔寨，戰無不克，並且擊敗了劉邦的最大敵人——項羽，為漢朝江山打下了堅實的基業。西漢建立後，他被封為楚王，位高權重。對這樣一個難得的人才，劉邦怎能不愛惜呢？有了他的輔佐，漢朝江山必然穩如泰山；同時，劉邦也十分懼怕他，一旦他擁兵自立，實在難以對付。正是出於這種考慮，劉邦才遲遲不能下達發兵討伐的命令。

劉邦沉默良久，抬頭看了看謀臣陳平問道：「陳平，依你之見，該怎麼辦？」

陳平並不回答，反問道：「韓信知道有人上書說他造反這件事嗎？」

劉邦說：「他不知道，是探子密報予我。」

陳平又問：「陛下，您認為諸將官比韓信如何？當前咱們的兵馬，比韓信的兵馬又如何？」

劉邦回答：「諸將官雖然勇猛，但用兵尚不如韓信；我兵馬雖然精良，卻不如韓信兵馬強悍。」

陳平見時機已到，便奏道：「陛下，既然我軍兵馬、大將都不如韓信，發兵硬攻，恐怕難以奏效，依臣之見，力攻不如智取。」

這話正合劉邦心意，他急忙問道：「你有什麼良策，快快獻出來吧！」

陳平不慌不忙地說：「陛下，古時天子有每五年到諸王各地察看一遍，為之巡狩的慣例，我們擒拿韓信之計，就在這巡狩上。陛下可假裝到雲夢地方去巡狩，藉機會各位諸侯於陳地。韓信見陛下去遊玩，必然不做防備，還會來迎接您。我們可埋下伏兵，等他到來就把他一舉擒獲，這不就萬無一失了嗎？」

劉邦聽完妙計，喜上眉梢，急忙下令準備出巡。不久，劉邦就帶著儀仗隊浩浩蕩蕩到雲夢巡狩去了。

劉邦出巡的消息很快傳到韓信的耳朵裡，韓信心裡明白，劉邦出巡，目的可沒那麼單純，但見劉邦只帶了小隊兵馬護衛，心中略定，但他仍然感到疑惑難解，就召來自己的心腹大臣商量。大臣們眾說紛紜，有的說不去迎接，不符合體制，會失信於諸侯，皇上也可藉機懲罰，搞不好因此有殺頭之罪；有的說如果去迎接，又可能遭到伏擊，同樣有殺身之禍。反正討論了半天，是去也不行，不去更不行。

這時，鍾離昧向韓信躬身施禮說道：「皇上來到楚地附近巡狩，楚王如果得到消息卻不去迎接，是大逆不道之舉；如果去了，又是羊入虎口，恐怕有殺身之禍。我倒有個好主意，只要楚王為皇上送上禮物，就不會有殺身的危險。」

韓信聞聽此言，忙說：「這倒不難，什麼金銀珠寶，只要皇上喜歡，咱全給他送去。」

鍾離昧微微一笑說：「這些禮物恐怕皇上還不稀罕。」

韓信問道：「依將軍之見，我們該送他什麼禮物呢？」

鍾離昧回答道：「楚王，你知道皇上最不喜歡誰嗎？如果我們將這人的人頭作為禮物獻上，不但能解除他對你的懷疑，說不定還會高升你呢！」

韓信問道：「不知這人是哪一位？」

鍾離昧仰天長笑，笑完後抱拳施禮，語音悲憤地說道：「不是別人，正是在下！」

韓信大吃了一驚，忙道：「將軍是我的心愛大將，戰功卓著，我怎麼能以將軍的性命來換取自身的安全呢！」

鍾離眛雙膝著地，說道：「將軍知遇之恩，在下無以為報，既然有了報答的機會，就請楚王成全我的義名。」

韓信見鍾離眛心意已決，也無話可說，但仍遲遲不肯下令。鍾離眛見韓信為難，也不說話，突然「嗆」地一聲拔出佩劍，橫劍於頸，劍光閃過，鍾離眛的頭顱飄然落到韓信身前的書案上，長軀轟然倒地。

韓信見事已至此，也沒有別的辦法，只好把鍾離眛的頭顱用紅綢包著，放在一口箱子中，當禮物抬到雲夢之地去了。

劉邦望著眼前鍾離眛的人頭，喜上心頭，他得意洋洋地說道：「鍾離眛啊！鍾離眛，今天終於讓我出了這口悶氣！」

韓信見劉邦面露喜色，還以為自己總算逃過了此劫，不禁鬆了一口氣。突然，劉邦臉色一變，如電的目光橫掃了韓信一眼，大聲命令道：「來人，把韓信給我綁起來！」

韓信見變生肘腋，倒有些驚慌失措，不過一會兒便鎮靜下來，知道自己今天是不能全身而退了。只見他仰天長嘆：「狡兔死，走狗烹；高鳥盡，良弓藏；敵國破，謀臣亡！」後來，劉邦為了穩固江山，先後殺害了楚王韓信、大梁王彭越和江王英布。

後來，劉邦命一宦官將鍾離昧的頭顱丟掉，幸好鍾離昧手下有一勇士，拚死搶來了鍾離昧的頭顱，合屍裝殮在一口棺木裡。鍾離昧悲憤之氣難以消散，死屍還魂。經歷了如此多的不平事，鍾離昧已看淡了人間功利，於是隱姓埋名，煉丹修行，希望有一天能得道成仙，擺脫世間苦難。一千年後，鍾離昧的事情終於感動了上天，就派太姥娘娘下凡，將鍾離昧點化升天了。因為鍾離昧是漢朝的將軍，人們就稱他為「漢鍾離」。

身背雙劍，手持拂塵，威武俊朗的——呂洞賓

人們常說「黃粱美夢」，但至於這「黃粱美夢」的來由，知之者卻甚少。其實，這「黃粱美夢」的來由和呂洞賓有關。

黃粱一夢

漢鍾離成仙後，四處遊歷，一邊解危濟困，一邊尋求有仙骨之人，以便渡他成仙。這一天，漢鍾離經過一個草亭，只見一名書生在那裡哀聲嘆氣。漢鍾離將書生細細打量了一番，見此人體格健壯，眉清目秀，雖然衣衫襤褸，卻也掩不住其飄逸瀟灑，頗有仙風道骨。

漢鍾離上前一問，才知道書生姓呂，名岩，字呂洞賓，山西永濟縣人，考了兩年進士都名落孫山，今年又上京會試，但在路上遇了強盜，將盤纏都搶去了，還差一點兒丟了性命，現今身無分文，故而在此哀嘆。

漢鍾離十分同情書生的遭遇，就掏出五兩銀子說：「老弟，這些銀兩可供你進京趕考的費用了吧？」

呂洞賓十分感激地說：「道長，用不了這麼多銀子，小弟只借用一點就行了！」

漢鍾離見呂洞賓不是個貪財之人，心中分外歡喜，便說：「我是出家人，用不著這個，你就都帶上京吧，回來時還得花呢。」

呂洞賓想想也對，就收下了銀兩，心中對這位仗義疏財、相貌不凡的出家人非常感激，便問：「請問仙師尊姓大名？」

漢鍾離如實告訴他自己姓鍾離，名昧，是漢朝大將，在終南山修行千年，人稱漢鍾離。

呂洞賓一聽，知道遇到了神仙，連忙下拜叩頭說：「仙師大恩大德，呂洞賓永生難忘，如果這次高中，定當重謝仙師救助之恩！」

漢鍾離見呂洞賓有仙風道骨，早生點化之心，但見呂洞賓尚難以超脫名利，就勸道：「老弟，人生何必被名利索禁錮呢？行不由己、言不由衷，真是自尋焦慮、自討苦吃。你何不隨我出家，過這閒雲野鶴的生活，豈不自在？」

呂洞賓一聽「出家」二字，心中一愣：「仙師有所不知，我十年寒窗，日日刻苦讀書，朝思暮想的就是一朝高中，光宗耀祖，出家之事，萬萬使不得。」

呂洞賓怕漢鍾離再糾纏，就連忙收拾行裝，託故有事要辦，急急趕路去了。

呂洞賓緊趕慢趕，到天色漸黑時，才來到邯鄲。他已經幾天沒吃飯了，再加上急忙趕了這許多路，已是又累又餓，於是決定停下來吃點東西後再趕路。

邯鄲郭繁榮興旺，街上人來人往，車水馬龍。呂洞賓想找一個便宜一點的小飯館，誰知轉了一大圈，不是酒店就是飯莊，都需要花費很多銀子才吃得起。於是，呂洞賓在城裡轉了半天，才在城門下邊找到一個省錢的小吃店。他花了二百文錢買來一些黃粱，就進店央求店裡的王婆煮給他吃。

王婆見他可憐，就答應煮飯給他吃，但這黃粱飯也不是一時半會兒就能煮好的，呂洞賓又累又困，等著等著就伏在桌子上打起瞌睡。過了一會兒，呂洞賓就在夢中問道：「黃粱煮好了嗎？」

王婆回答說：「還欠一把火呢！」

又過了半晌，呂洞賓又喃喃囈語道：「這麼久了，黃粱還沒煮熟嗎？」

王婆仍然回道：「別急，還欠一把火呢！」

呂洞賓不耐煩地嘀咕了幾句，又沉沉睡去。突然，呂洞賓又焦慮地道：「唉！我的前程要緊，等不到吃那黃粱了，我趕路去了！」

王婆看了看呂洞賓，見他並未醒來，知道他還在說夢話，就不再理睬他了。

卻說這呂洞賓口中說著：「我趕路去了！」他的魂魄果然飄飄搖搖到了長安城。呂洞賓進了考場，答起題來有如神助，文思泉湧。三日後，金榜題名，皇上召見，並拜為兵馬大元帥。朝廷重臣見呂洞賓學富五車、武藝超群，就將女兒翠娥許配給他，招他為婿。呂洞賓整日瓊林玉宴，騎馬掛紅，上街讓百姓瞻仰，享不盡的榮華富貴，使不完的威武權勢，呂洞賓不禁整日沉浸於溫柔鄉中不能自拔。不到三年，翠娥為他生下了兩個女兒，這更是錦上添花。

好日子總是過得很快，轉眼之間，十七年的時間就過去了。這一年，蔡州吳元濟起兵造反，韓廷聞報，馬上派呂洞賓領兵征討。呂洞賓雖然捨不得溫柔鄉，卻也不敢推辭，忙點齊兵馬，慨然告別親人，上馬帶兵威嚴而去。

寒風凜冽，刀槍叢叢，呂洞賓南征北戰、東討西伐，死傷甚眾。不知不覺，一年過去了，畢竟朝廷兵馬人多勢眾，將吳元濟逼進了一個死胡同。這一年來，呂洞賓經歷了戰爭的慘烈，漸漸厭惡了流血屠戮。後來，他又慢慢知道了吳元濟謀反，是為了反對朝政暴虐，反對官吏橫徵暴斂，是為了救萬民於水火之中，是正義之舉。呂洞賓不由得起了同情之心，於是收了兵馬，私下放吳元濟逃走了。

呂洞賓見慣了戰亂帶來的家破人亡、妻離子散的慘劇，而起了思鄉之心，於是找了一個藉口，孤身一人逃回家中。

呂洞賓還不知道在他外出征戰這些日子，妻子翠娥已經與魏尚書之子有了私情，他逃回家中，正好撞破姦情，正待捉姦，就聽門子來報：「聖旨到！」

呂洞賓心中暗暗叫苦，不得不出來迎接聖旨。朝廷使臣展開聖旨，高聲念道：

「查兵馬大元帥呂洞賓，私自放走反賊吳元濟，大逆不道，罪不容誅！立即押解刑場斬首！」

呂洞賓嚇得面如土色，渾身發抖，屋中妻子則喜不自禁，哈哈大笑。兩個小女兒見父親即將被斬首，衝上前來抱住父親痛哭流涕。呂洞賓想到自己一死，妻子必不會善待女兒，也不禁悲從中來，父女三人哭成一團。

三人正哭得如淚人一般，沒想到第二道聖旨接踵而至，呂洞賓又連忙跪拜接旨。使臣宣讀：

「念呂洞賓是初犯，且前期剿賊有功，將功抵罪，免予死刑，立即發配沙門島充軍。」

呂洞賓見檢回一條命，連連謝恩。使臣走後，兩個女兒趕忙將癱在地上的呂洞賓扶起。這時候，兩個解子衝上前來，拉開了兩個小女兒，把沉重的木枷往呂洞賓脖子上一戴，將鐐銬鐵鏈往呂洞賓身上一繞，就拖走了。

呂洞賓無奈，只能含著眼淚，扛著木枷，邁著鉛一樣重的雙腿，出城而去。兩個女兒捨不得父親，雖然跌得鼻青臉腫、渾身泥土，仍舊死死地跟著他解子趕了幾次，見沒有作用，也只好任由她們跟著。

這時正是隆冬天氣，寒風凜冽，大雪飛揚，天寒地凍，難以前行。呂洞賓戴著重重的戒具在前面艱難地跋涉，後面還拖著兩個被凍得臉蛋紅腫、渾身打哆嗦的孩子。

呂洞賓回頭觀看，見兩個小女兒猶如一對雪人，她們小小年紀就遭受這種苦難不由得老淚縱橫。他怎麼也沒想到榮華富貴轉眼就成了一場空。昔日一人之下、萬人之上，轉眼卻變成了階下囚！自己一生追求名利，嚮往著升官發財、光宗耀祖，為此苦苦奮鬥了數十載，到頭來，榮華富貴全成了過眼煙雲，落得如此淒慘下場，怎不教人傷心呀！

那兩個解送的差人，平時頗講義氣。一路上，呂洞賓一家的慘狀也看在眼裡。他們見此情景，心想：「以這樣走法，到不了沙門島，這一家三口就沒命了。」兩人一商量，覺得他們三人確實可憐，就動了惻隱之心。於是，趁著在深山曠野，沒人看見，兩人便將呂洞賓三人放了。

呂洞賓千恩萬謝之後，連忙帶著兩個女兒逃命去了。三人只顧逃命，再加上風大雪大，最後連東南西北都分辨不出了，只能像沒頭蒼蠅一樣亂撞。也算是天無絕人之路，三人轉了半夜，終於看到一點微弱的燈光。走近一看，原來是一間草屋。叫了半天門，才走出來一個四十多歲的婦女，呂洞賓講了自己的遭遇，那婦女似乎十分同情，趕忙將他們帶進了屋內。

呂洞賓三人以為遇到好心人，沒想到進屋一看，桌旁還坐著一個人，只見他身披黑長袍，瘦得只剩下一把骨頭，兩隻賊亮的眼睛露出凶光，在呂洞賓三人身上掃來掃去。呂洞賓嚇得不停打顫，脫口道：「你到底是人還是鬼？」

那黑袍人眼中凶光一閃，忽然站起來直逼呂洞賓而來。呂洞賓還沒來得及反應，那人已一把抓住了他的大女兒。孩子驚叫一聲，已被黑袍人舉過頭頂，「砰」的一聲，孩子被摔在地上，蹬了兩下腿就斷氣了。小女兒見姐姐摔死在地上，忙上前去拉姐姐，誰知也被黑袍人抓了過去，舉到頭上，呂洞賓求了半天，那黑袍人仍舊無動於衷，「砰」的一聲，小女兒也被摔在地上摔斷了氣。

呂洞賓見兩個女兒都慘死，怒從心起，於是一把抓住黑袍人要拉他去見官。那黑袍人突然從腰間拔出一把雪亮的利劍，大吼一聲：「見官！老子就是官！」呂洞賓還來不及躲閃，那把雪亮的劍便刺在他的脖子上。呂洞賓疼痛難忍，抓住寶劍猛地往外拔，一股血箭從脖子上噴湧而出，濺得滿屋都是。

呂洞賓大叫：「救命啊！殺人啦！」他猛地一跳，只聽「啪」的一聲，呂洞賓摔到了桌子下面。他睜眼四處看著，哪有什麼黑袍人，自己仍在小吃店裡，才知道剛才不過是南柯一夢。

他忙問王婆：「我睡了幾個時辰了？」

王婆笑著回答：「你已經睡了整整十八年了！」

呂洞賓一聽此言，不由得嚇了一跳，忙問道：「黃粱熟了嗎？」

王婆道：「還欠一把火呢！」

呂洞賓長嘆一聲：「好難煮的黃粱啊！黃粱未熟，榮華已盡！」

就在這時，漢鍾離走了進來，呂洞賓連忙跪拜道：「仙師，弟子省悟了！榮華富貴不過是過眼雲煙，功名利祿不過是害人毒藥。人間還有許多為非作歹不平之事，弟子願隨仙師出家，從此清心寡欲，扶正驅邪！」

自此，呂洞賓得道成仙，道號「純陽子」。這段黃粱一夢的故事也流傳千古，警醒世人。

蛇妻

呂洞賓沒有成仙之前，住在青龍山下日夜攻讀四書五經，盼望著有朝一日能金榜題名、出人頭地。一天傍晚，呂洞賓看書看得累了，就決定到小河旁去散步，清醒、清醒頭腦。

他沿著河邊一邊散步一邊吟誦著詩句，忽然聽到樹林裡傳來一陣悲慘淒涼的哭聲。呂洞賓覺得十分奇怪心想：「這深山老林裡，平時就少有人跡，是誰在這裡悲啼呢？莫非是鬼？」呂洞賓不禁打了個寒顫，但轉念又想，不禁譏笑自己，枉為飽讀詩書的學子，世上哪有什麼鬼神，說不定是迷了路需要幫助的人，我可得幫幫他。於是，呂洞賓循聲找去，看見一個穿著綠衣衫的青年女子正掩面哭泣。

呂洞賓走上前去深施一禮道：「小姐，妳如此傷心，不知是什麼緣故？我能幫上什麼忙嗎？」

那女子見有人來，開始時還有些慌張，但見呂洞賓英俊瀟灑，文質彬彬，不像壞人，才定下心來，低聲說道：「公子有所不知，小女子家住錢塘，名叫香玉，只因為爹爹愛財貪勢，要把我嫁給一個年老的大官為妾，我誓死不從，趁家裡人不注意，我就逃了出來，沒想到山高林密，驚慌之餘不辨方向，竟然迷了路，又見天色將晚，生怕被野獸抓了去，屍骨無存，故而痛哭。」說完，又哭了起來。

呂洞賓聽了姑娘的敘述，倒也十分同情，便說：「小生本應請小姐到寒舍暫住，但是我是一個孤身男子，孤男寡女同處一室，多有不便。這兒有幾兩銀子，你拿著當盤纏，走出深山，找一個妥當的安身之處吧！」

姑娘一聽此言，反而撲倒樹下，哭得更傷心了，邊哭邊說：「小女子舉目無親，哪兒還有我的安身之處啊，不如讓猛獸拖了去，也免得在人間受苦。」

呂洞賓一想：「對呀，這裡離村鎮較遠，山路崎嶇，時有猛獸出沒，萬一半路上有個好歹，我不是害了這位姑娘嗎？唉，君子坦蕩蕩，柳下惠有坐懷不亂之風，我為何就不能與女子共處一室呢？」於是，呂洞賓又深施一禮說道：「現在天色已晚，小姐如不嫌棄，請到寒舍小住一晚，慢慢再作打算，可以嗎？」香玉見有了棲身之所，自然答應，連連道謝。

呂洞賓把姑娘領到家裡，先動手炒菜做飯，讓姑娘飽餐了一頓，然後讓她到內房歇息，自己則將茅草往地上一鋪，睡在外室。剛開始他還覺得天氣寒冷，過了一會兒便覺得身子暖和了起來，安然睡去。等他一覺醒來，天已大亮，睜眼一看，見自己身上蓋著厚厚的被子，鍋裡正冒著陣陣熱氣，顯然已做好了早飯。那女子正坐在門口，穿針引線，縫補著他的破衣服。

香玉見呂洞賓醒了，連忙端來洗臉水，殷勤服侍。呂洞賓原本只想讓她暫住一宿，一早就打發她走，現在見姑娘服侍周到，話到嘴邊卻怎麼也說不出口。香玉等呂洞賓漱洗完畢，連忙擺上飯菜，請呂洞賓吃飯；飯後，香玉又熟練地洗鍋刷碗，打掃屋子，漿洗衣物，似乎毫無離去的意思。就在這時，天上又淅淅瀝瀝地下起雨來，真是天公作美啊！香玉也就從此住下不走了。

這雨一下就是半個多月。在這半個月裡，呂洞賓與香玉朝夕朝處，耳鬢廝磨，漸漸產生了感情。後來，兩人各自吐露了心事，於是擇了個吉日，兩人以天地為媒拜了堂、成了親。婚後，兩人相敬如賓，如魚得水，難離難分。

兩人小日子過得甜蜜，一晃半年過去了。這一天，呂洞賓到市集買菜歸來，路過一座古廟。經過廟門的時候，突然出來個老和尚攔住他的去路說：「施主，你臉上怎麼有股妖氣？」

老和尚將手指一算，口中念念有詞，突然驚叫道：「你家娘子不是人，而是蛇精變的，她來迷惑你是為了趁你不備時吃掉你，你千萬要多加小心。」

呂洞賓哪裡肯信，轉身就要走。老和尚又追上來說：「施主若不相信，我有一法，可使她原形畢露，不知施主敢不敢試上一試。明日五更，她睡著後，必會從口中吐出一顆紅色的珠子，你把珠子搶過來吞進肚裡，到時立見分曉！」說完，老和尚再不多言，轉身回廟裡去了。

呂洞賓半信半疑地回到家中，香玉仍然像往常一樣，端茶送水，侍候得十分周到，呂洞賓怎麼看也不相信香玉是蛇精變的。但到了夜裡，香玉早已睡去，呂洞賓卻怎麼也睡不著，他決定按照老和尚教他的方法試一試。五更時分，果然見香玉張開嘴來，緩緩吐出一粒紅晶晶的珠子。呂洞賓眼明手快，一把抓過珠子，「咕碌」一聲吞進了肚子裡。

香玉全身一顫，猛地驚醒過來，發現自己的紅珠已不翼而飛，只見呂洞賓呆愣愣地坐在那裡，全身透著紅光。香玉心裡明白呂洞賓已經發現她的真實身分，就眼淚汪汪地哭著說道：「相公，我與你前世無怨，今世有緣，你為何要害我？」呂洞賓見自己朝夕相處的娘子果然是蛇精變的，早嚇得失魂落魄，見蛇妻問話，也不敢隱瞞，結結巴巴地說出了原委。

香玉長嘆一聲道：「我的確是這山中修煉成人形的蛇精，只因見你長得年少英俊，又滿腹經綸，不禁起了愛慕之心，於是違背天意，化身為人，想與你成就一世姻緣。我對你只有仰慕之意，絕無加害之心，否則你還能活到今日嗎？」

呂洞賓想想過去的日子，香玉對自己服侍得盡心盡力，確實看不出她有加害之意，就覺得自己確實太莽撞，十分懊悔地問：「娘子，可有什麼解救的辦法？」

呂洞賓急了，忙問：「既然有辦法就行，無論有多困難，我都會幫妳完成的。」香玉遲疑半晌才緩緩說道：「辦法只有一個，就是把你的肚子劃開，挖出紅珠還給我才可保得住我的命。」

「啊！」呂洞賓嚇得大叫一聲跌到地上，差點暈過去。

香玉急忙上前扶住，婉言撫慰道：「相公不必驚慌，妾身仰慕你的雄才高略，化身為人委身與你，這已經犯了天條，這是老天對我的懲罰，正所謂在劫難逃，這一劫遲早是要來的。千怪萬怪，都怪我未曾對你言明，使相公受此驚嚇，妾身真是罪大莫及。相公儘管放心，妾身絕不會加害相公，只是我走之後，相公就無人服侍了，你得自己保重身體。」說完，香玉忍不住淚如雨下。呂洞賓見娘子如此賢慧，想起往日夫妻情深，真是追悔莫及。

窗外傳來了雞叫聲，晨光透過窗紙灑進屋裡。新的一天開始了，新的希望萌生了。而今天，這縷晨光卻令呂洞賓感到莫名的恐懼，他預感到這縷晨光必將帶走愛妻的靈魂。果然，香玉面如死灰，驚恐不安地在呂洞賓懷裡輾轉反側，一邊痛苦的掙扎一邊躲避著那穿過窗紙的萬道光線。呂洞賓緊摟著她，不停地呼喚：「娘子！娘子……」他怕香王會睡過去，從此不再醒來。

香玉仰起蒼白卻仍然秀美的面容，吃力地說：「相公，別……別……為我難過，我死後，你把我安葬在……屋後，七七四十九天之後，你把墳挖開，夫妻還可……團聚……」言猶未盡，初升的朝陽已衝破烏雲的包圍，將道道光輝灑遍人間。一直以來，陽光總是帶來生的希望，而今天，它卻成了催命符咒，香玉在溫暖的陽光裡咽下了最後一口氣。

呂洞賓悲痛萬分，但想起香玉臨死前的叮囑，連忙壓抑住悲痛，趕忙為香玉造了座墳。他日日夜夜守護在墳前悲泣祭禮，追悔自己一時聽信讒言害得妻子慘死的過失，訴說夜來夢回孤枕難眠的相思之苦，乞求上天保佑香玉能夠按時復生。就這樣，哭呀等呀，由於思念心切，竟把四十九天錯算成四十八天了。

呂洞賓匆匆把墳挖開一看，不由得「啊」的驚叫一聲。原來躺在墳裡自己日夜思念的妻子已經不知所蹤，只有複合在一起的兩把青色寶劍在那裡寒光閃閃。呂洞賓震驚之餘，連忙扳起指頭細細算來，才知道自己把日子搞錯了，愛妻再也難以復生。呂洞賓心痛如絞，睹物思人，緊緊抱著寶劍，淚如雨下，欲哭無聲。說來也奇怪，那寶劍一貼近呂洞賓的身子，就變得像綢布條似的柔軟，纏住呂洞賓不放，就像溫柔的愛人一般。而一離開他身子就變得極其堅韌，鋒利無比，像勇猛的衛士。呂洞賓從此不再續娶，整天把劍帶在身邊，吃飯、睡覺也不離身。後來，呂洞賓成了仙，那對寶劍就幫著他斬妖除魔，時時保護著他的安全。

狗咬呂洞賓

人們常說：「狗咬呂洞賓，不識好人心」，但這句俗話是怎麼來的，卻很少有人知道。其實，這句話背後隱含著一個十分有趣的故事。

呂洞賓有一好友，名叫苟杳，小呂洞賓兩歲。苟杳自幼家境貧寒，父母又過世的早，使得他孤零零無處安身立命。呂洞賓十分同情苟杳的遭遇，就邀請他到家裡來住。

苟杳也是好學之士，呂洞賓雖然自己屢試不第，但卻希望苟杳有朝一日能出人頭地。於是，呂洞賓把衣食住行全都安排得妥妥當當，以便讓苟杳能全心準備科考。苟杳自然也不敢辜負哥哥的希望，從此廢寢忘食，刻苦攻讀。

呂洞賓交遊廣泛，家中經常有賓客來訪。呂洞賓為了傳揚苟杳的聲名，常常請他作陪，因此，時間一長，苟杳與很多人都混熟了。

有一個姓林的朋友，家中的小妹正待字閨中，見苟杳長得儀表堂堂，又滿腹經綸，便有心將妹妹許配給他。姓林的朋友先把自己的想法告訴了呂洞賓，誰知呂洞賓不但不熱心，而且還藉故推諉，所以他只好直接找到苟杳，把自己的想法告訴他。苟杳正是青春年少，風華正茂，一聽這事，不禁心猿意馬起來，不加思索就答應了。不過，苟杳事後靜下心仔細想想，自己吃住都依靠呂大哥，婚姻大事還是得徵求他的意見才說得過去，而他認為為人熱心的呂大哥一定會贊同這門婚事的。

苟杳將此事對呂洞賓一說，沒想到呂洞賓聽完後卻皺起了眉頭。

他看著苟杳反問道：「賢弟真的有了娶妻之意？」

苟杳見呂洞賓皺眉，心虛地回答道：「推託不過，只好答應。」

呂洞賓見苟杳已同意了婚事，不好再反悔，就說：「我也聽說過這位林家小姐，倒也美麗賢慧，不過，你如果要娶她過門，需要答應我一件事。」

苟杳見呂洞賓同意了這門婚事，不禁欣喜若狂，忙問是什麼事。

呂洞賓不慌不忙地說：「成親之後，我要先陪新娘子住上三夜，你可答應？」

乍聽此言，苟杳猶如被潑了一盆冷水，半天說不出一句話。

苟杳心想：「呂大哥啊，和你相處了這麼久，今天才知道你原來是這樣一個禽獸不如的偽君子！」

荀杳雖然覺得對不起林家小姐，但始終還是不忍心丟掉這門好親事，最後只得咬咬牙答應了下來。呂洞賓得到答覆後，一句話也沒說，就面無表情地拂袖而去，只剩下荀杳一個人在那裡暗暗叫苦。

呂洞賓馬上叫人準備婚事，為此，呂洞賓倒毫不吝借銀子。娶親這天，呂家好不熱鬧，直到天黑酒宴方散。掌燈以後就該新郎入洞房了，荀杳卻只能按照約定躲到一邊，眼睜睜看著呂洞賓大搖大擺地走進洞房。

呂洞賓進房後，看見新娘子頭戴紅蓋頭倚床而坐，正等待夫君來為她掀蓋頭呢。呂洞賓並不搭話，拿起案頭的一本書就坐在燈下看了起來。剛開始的時候，新娘見新郎是個十分好學的人，不禁滿心歡喜，心想：「天色尚早，就讓他先看看書也無妨。」誰知直到窗外傳來三更的梆子響也不見新郎有什麼動作。新娘子等了大半夜也沒見丈夫有走到床邊來的意思，心中十分煩惱，卻又不好意思開口請求，無奈之下只好和衣獨眠。等她一覺醒來，天色早已大亮，環顧新房，哪裡還有丈夫的蹤影。又過了兩夜，林家小姐滿腔憂怨無處訴說，不由得暗自落淚，心裡哀嘆道：

「為何這般命苦?嫁了這樣一個冷郎君。」

這邊林小姐正流淚哀嘆，那邊的苟杳則像熱鍋上的螞蟻，焦躁不安，真是度日如年啊！好不容易熬過了三天，苟杳迫不及待地衝進新房，只見林小姐正悲悲切切地落淚不止。苟杳沒有辦法，只得低聲下氣上前陪禮道：「娘子，是我不好，讓你一過門就遭受莫大委屈，但我也是身不由己，沒有辦法啊，你就原諒我一次吧！」

聽了這話，新娘子哭得更加傷心了，邊哭邊幽怨地說：「不知妾身有什麼地方讓郎君瞧不上眼，為何新婚三夜卻不上床同眠，只是對著孤燈埋頭讀書，也不說一句話。天黑才來，天一亮就走，留下妾身孤零零獨守空房?」

一席話，問得苟杳是「丈二和尚，摸不著頭腦」，仔細一想，方才省悟過來：「呂大哥為了我真是煞費苦心啊，他是怕我沉浸在溫柔鄉中而忘了讀書，我倒是以小人之心度君子之腹了。」不過轉念一想，又覺得呂洞賓這一招確實令人哭笑不得，心想：「呂大哥啊呂大哥，你雖然是為了我好，但也太狠心了一點。」

林小姐得知內情，隨即轉悲為喜，以後夫妻恩愛，好不快樂。從此，苟杳更加不敢有負哥哥厚望，日日奮發讀書，數年之後，果然金榜題名，作官去了。

苟杳走後，呂洞賓不知不覺又過了八、九年清閒的日子。沒想到禍從天降，一天，呂洞賓外出會友，家中不慎失火，等到他得信急匆匆趕回來，偌大家業早燒了個乾乾淨淨，老婆、孩子還是鄰居救出來的。頃刻之間，呂洞賓就變成了窮光蛋。他富有的時候，天天賓客盈門，如今他倒楣了，那些常來的賓客便再也不露面了，別說請他們幫忙，就是上門討點飯食，不是給他白眼看就是指桑罵槐說很多難聽的話。無奈之下，呂洞賓一家只好臨時搭了一個小草棚藉以安身，夜裡風吹雨打，白天四處乞討，十分淒慘。

一天，呂妻突然想起了苟杳，就對呂洞賓說：「苟杳能夠作官，全憑你的資助，沒有我們，他哪有今天的風光，你何不去找他救救急？」

呂洞賓本不想去，但想想目前的窘況，只好同意。以他的想法，苟杳一定會爽快地資助他，讓他重建家業的。於是，呂洞賓安頓好妻子、孩子後，就馬不停蹄地上路了。

呂洞賓一路上餐風露宿，餓了就討些飯吃，渴了就喝溪水，好不容易到了苟杳府前。苟杳倒也熱情，聽說呂洞賓到來，趕忙親自出來把他接進客廳。苟杳見呂洞賓蓬頭垢面、衣衫襤褸，忙問出了什麼事。呂洞賓於是把家中失火，如今生活艱難的境況向苟杳訴說了一番。苟杳是聰明人，不等呂賓開口，他已知來意，於是說道：「大哥家遭大難，小弟竟然不知，實在有罪。哥哥且放寬心，兄嫂所缺，全包在小弟身上。」

苟杳先命人帶呂洞賓到後面更衣，然後又大排筵宴，為呂洞賓接風洗塵，還叫他的夫人作陪。呂洞賓見苟杳如此熱情，自是滿心歡喜，心想：「復興家業有希望了。」

不知不覺十幾天過去了，呂洞賓在苟杳府中得到上賓般的待遇，一天三餐都是大魚大肉，佳肴美酒，但就是不見苟杳提起求助之事。呂洞賓起初以為苟杳公務繁忙，無暇顧及自己的事，雖然內心焦急，卻不說什麼，仍然耐心地等著。誰知又過了幾天，苟杳似乎把他的事拋到九霄雲外去了，平時閒聊也只是東拉西扯的，至於求助之事，苟杳是隻字不提。呂洞賓就是再有膽量，這時也不禁懷疑：「莫非苟杳也像別人那樣忘恩負義，只是延遲時日，並不想幫我？」

呂洞賓越想越覺得苟杳是負心人，於是立刻氣沖沖地找到苟杳對他說：「我今天就告辭回家。」

荀杳不慌不忙地道：「哥哥何必如此著急，還是享幾天福再走也不遲。」

呂洞賓一聽此言，真是氣不打一處來，大罵道：「你這個忘恩負義的狗東西，福你留著自己享吧！」說完，頭也不回地走出了荀杳家。

呂洞賓沒想到深受他大恩的人也不幫助他，真是又氣又恨，一路不停地咒罵，不知不覺天就黑了下來。直到這時，呂洞賓方才覺得又累又餓，身上又沒有半文錢，只好走到路邊歇歇氣再說。這時，有一個人路過，見呂洞賓在那裡哀聲嘆氣，就走過來搭話。於是，呂洞賓就把荀杳忘恩負義的事向路人說了。那人聽了，很同情呂洞賓的遭遇，就掏出幾文銀給呂洞賓，讓他作路費。呂洞賓起初並不想要，但那人把銀子塞給他就走了，呂洞賓無奈，只好收下了。

呂洞賓有了路費，不敢停留，馬不停蹄地匆匆趕回家。誰知舉目四望，原來那個小草棚連同妻兒早已不知去向。他大吃一驚，連忙跑到鄰居家去打聽，誰知那個鄰居見了呂洞賓如見鬼魅，拔腿就跑。呂洞賓又去問了幾家人，結果都是一樣。呂洞賓好不容易拉住一個人，那人十分害怕地往前一指說：「你家已蓋了新房。」說罷，趕緊躲進了家裡。呂洞賓十分奇怪，就向新屋跑去。

他走進大門，心裡又不禁吃了一驚，見房子確實是新蓋的，不過大門兩邊沒有貼造新房的喜聯卻貼著白紙，分明是這家人有人過世了。呂洞賓擔心妻兒有事，連忙衝進屋內，只見屋子中間擺著一口大紅棺材，妻子和孩子正全身披麻戴孝，邊燒紙錢邊嚎啕大哭。呂洞賓見妻兒尚在，倒放下心來，卻不知他們在為誰披孝。

呂洞賓輕輕叫了一聲娘子，妻子和孩子轉頭一看，突然害怕地抱在一起，孩子嚇得直叫娘。妻子戰戰兢兢地叫道：「你——你是人還是鬼？」

呂洞賓回道：「娘子何出此言，我好端端地站在這裡，怎麼會是鬼？」

妻子端詳了老半天，才吁出一口氣說：「真的是你回來了，剛才嚇死我們了。前天中午，我正坐在家中想你，就聽到門外一陣吵鬧，一夥人抬著口棺材走進院來，一問，他們說你在荀杳那裡突發重病死了，哪裡知道你還活著，可擔心死我們娘兒倆了！」說完又哭了起來。

呂洞賓一聽，知道是荀杳玩的把戲，對荀杳更加惱恨，就把去尋荀杳的前後經過對妻子講了一遍。妻子聽了也是憤憤不平，說道：「那荀杳真是狼心狗肺的東西，吃我們的住我們的，到頭來竟然這樣忘恩負義，還不如你那幾位素不相識的朋友。你走後不久，來了一夥人，說是你在外的朋友，因你有病不能回來，讓他們先幫咱們蓋房子。房子修起來，他們就不辭而別了，像這樣的朋友真是勝過苟杳千百倍啊！」

呂洞賓聽完妻子的話，越發感到奇怪了，他走到棺材旁掀開棺材蓋子，只見滿棺材的金銀珠寶，光彩奪目，上面還放著一張紙條。呂洞賓取過來仔細一看，只見上面寫道：「苟杳並非負心郎，路送銀，家蓋房；你讓我妻守空房，我讓你妻哭斷腸。」

呂洞賓這才恍然大悟，一時之間哭笑不得，苦笑著說道：「賢弟，你這一幫，可幫得我狠了一些。」

從此，呂苟兩家往來更加親熱了。

後來，呂洞賓和苟杳的故事傳為一段佳話，人們說起這件事就說：「苟杳呂洞賓，不識好人心。」意思是說，苟杳和呂洞賓都沒有領會到對方的好用意。由於長時間只在口頭上流傳，人們漸漸就聽成為「狗咬呂洞賓，不識好人心。」久而久之，便成了現在這個樣子。

智盜玉簪

呂洞賓成仙後，仍然雲遊四方，斬奸除惡，保護人間的安寧。這一天，呂洞賓正駕雲前行，突然聽到腳下「轟隆隆」一陣巨響。他停下雲頭，低頭查看，發現大地正劇烈抖動，一時之間，房倒屋塌、山崩地裂。呂洞賓知道一定有妖孽作怪，他運起法眼仔細搜尋，發現原來是一隻穿山甲在搗鬼。呂洞賓暗下決心要為民除去這一禍害。呂洞賓念動真言，召來各路山神，共同商議如何捉拿這隻作怪的穿山甲。眾山神告訴呂洞賓，這個穿山甲已經修煉了五千年的道行，有翻山倒海之術，普通神仙根本不是牠的對手。眾山神也曾合力圍剿，哪知此怪法力高強，幾次他們都大敗而歸。最後，眾山神道：「大仙，我看你還是稟明玉帝，請他派天兵天將來，才能除去此怪，救黎民百姓於水火啊！」

呂洞賓自恃武藝高強，法力無邊，哪把此怪放在眼裡，他嘿嘿一笑說：「一個小小的穿山甲也值得勞師動眾驚動天兵天將嗎？我一個人就能收服牠。」眾山神見呂洞賓如此自負，只好一齊稱謝而去。

等眾山神走遠，呂洞賓仔細一候算，不由得暗自後悔，心想：「這妖怪妖術如此厲害，憑我一己之力要收服牠確時要費不少勁，也怪我一時魯莽，在眾人面前誇下海口，如果不能收服這個妖怪，傳了出去，豈不要被眾山神恥笑？」

呂洞賓正冥思苦想擒怪良方的時候，太白金星剛好經過。呂洞賓知道太白金星懂得不少破妖之法，就拉住太白金星，向他請教如何降服穿山甲。

太白金星想了想，對呂洞賓說：「這穿山甲有五千年的道行，一般法寶奈何牠不得，只能用定山神針才能鎮住牠。而定山神針世上只有一根，就是王母娘娘頭上那支玉簪！」呂洞賓一聽為難了，他知道王母娘娘十分喜愛那支玉簪，平時一直戴在頭上，任何人也別想拿到。

呂洞賓的心事被太白金星一眼就識破了，他理了理鬍子說：

「王母娘娘十分愛惜這支玉簪，你要是明借一定借不到。看在你是為了拯救百姓的份上，我給你指條明路，既不能明借，就來個暗偷。據我推算，王母娘娘身邊的貼身仕女牡丹仙人有了思凡之意，假如你能打動她的心，何愁玉簪得不到手。」

兩人正在密謀，突然有傳令使者前來傳達王母娘娘旨意，請各路大仙隔天共赴蟠桃盛會。呂洞賓大喜，這可是接近牡丹仙子的好機會。

蟠桃會上，仙樂飄飄，舞姿翩翩，各路大仙開懷暢飲，談笑風生。酒過三巡，菜上五道之後，王母娘娘就命牡丹仙子為眾仙斟酒。當她來到呂洞賓席前時，太白金星用胳膊肘碰了呂洞賓一下，向他暗遞眼色。呂洞賓心領神會，就藉接酒的時機，輕輕摸了摸牡丹仙子的玉手，牡丹仙子臉一紅，害羞地低頭退了下去。

沒多久，王母娘娘又令牡丹仙子給眾仙送桃。牡丹仙子猶豫地來到呂洞賓面前。太白金星又用腳尖踢了踢呂洞賓，呂洞賓就在取桃時，重重地按了一下桃盤，牡丹仙子手腕一軟，羞得臉蛋紅紅的，低頭從後門向蓮花池急急走去，太白金星向著牡丹仙子離去的方向使了個眼色，呂洞賓會意，也起身緊跟在牡丹仙子身後。

牡丹仙子逕直走到荷花池邊，兩眼凝望著水中盛開的並蒂蓮花，若有所思。呂洞賓輕手輕腳地走到牡丹仙子身後，柔聲說道：「仙女姐姐，妳在賞花嗎？」牡丹仙子沒想到身後有人，嚇了一跳，急忙回頭看時，見是剛才三番五次對自己毛手毛腳的呂洞賓，立即羞得滿臉通紅，急忙以袖掩面道：「你好大的膽子，敢亂闖後宮禁地，你可知道天規？」

呂洞賓嘿嘿一笑說：「我知道天規規定男仙不得隨意出入後宮禁院，但天規同時也規定，大小仙人不得有思凡之念啊！」

牡丹仙子見自己的心思被人瞧破，急得連耳朵都紅了，連忙申辯道：「你不要瞎說，誰有思凡之念了？」

呂洞賓見牡丹仙子那模樣，就知道自己說中了她的心事，趕忙打鐵趁熱，又向前跨了一步說：「妳很羨慕人間，對不對？」

牡丹仙子見自己的底都被揭破了，也不知說什麼好，只得慢慢低下了頭。

呂洞賓知道牡丹仙子凡心已動，又走上前去繼續說：「其實人間可真美好，到處山青水秀，鳥語花香，勝過天堂何止十倍，不到人間逛一逛，真是枉為神仙啊！」

一席話說得牡丹仙子凡心大動，她抬起頭，輕聲問道：「人間真那麼好？」

呂洞賓一揮袍袖，腳下雲霧散開，人間景象盡收眼底。呂洞賓用手一指說道：「牡丹仙子，妳往這兒看，那是一對夫妻，他們正在地裡歡歡樂樂地耕地播種呢！妳再看那兒，那是一對情人正在花園裡賞花，妳看他們多麼親密呀！」

呂洞賓用眼角瞟了瞟牡丹仙子，只見她望著那對情人正在那兒發呆，就接著說：「牡丹仙子，人間的生活是不是比天上有趣百倍呢？如果妳有意過人間的美好生活，我倒可以想想辦法！」

牡丹仙子再也抑制不住到人間去的渴望，她臉色一紅，羞羞地問道：「你真有辦法嗎？」

呂洞賓見魚已上鉤，到了收線的時候了，就肯定地說：「真的，不過，我也有一些小麻煩，需要牡丹仙子幫幫忙。」

「我能幫你什麼忙呀？」牡丹仙子已經泥足深陷，不能自拔。

「王母娘娘頭上的玉簪，借我一用。」呂洞賓乘勝追擊。

牡丹仙子一聽，面露難色，遲遲疑疑地說：「這哪行呀？王母娘娘平時把這玉簪當心肝寶貝，隨時隨地帶在身上，誰也不借，我看，你就死了這條心吧！」

呂洞賓忙道：「我借它是為了拯救天下的受苦百姓，妳就幫幫忙吧！」

牡丹仙子說：「剛才你指給我看的景象，說明天下百姓很幸福呀！」

呂洞賓覺得這牡丹仙子真是幼稚的可愛，不過也怪不得她，整天被關在天宮裡面，那知民間的疾苦。呂洞賓又將袍袖一揮，對牡丹仙子說：「你看這個地方！」

牡丹仙子順著呂洞賓手指的方向定睛觀看，只見雲縫之中的桐柏山一帶到處房倒屋塌，百姓流離失所，無處安身，一片淒慘景象。牡丹仙子終日在天宮中遊玩，接觸的都是美好的事物，哪裡見過如此悲慘的景象，急忙閉上眼睛說：「沒想到百姓真是太可憐了！」

呂洞賓又繼續說道：「這桐柏山一帶，過去也是山河秀麗，山高林密，物產豐富，百姓們靠山吃山，生活富裕，誰知來了一隻作怪的穿山甲，山被牠鑽塌了，樹也被牠掃平了，老百姓沒了依靠，日子越來越艱苦啊！我借王母娘娘的玉簪，就是為了除掉這隻作怪的穿山甲，讓桐柏山恢復往日的安寧。」

牡丹仙子已經被呂洞賓的一席話深深地打動了，她堅決地說：「我願意幫助那些老百姓！」雖然答應了，但怎麼幫，牡丹仙子可是一點辦法都沒有。

這時，呂洞賓胸有成竹地把一支假玉簪交給牡丹仙子，還如此這般的叮囑了一番，聽得牡丹仙子連連點頭，眉開眼笑。

第二天，王母娘娘沐浴更衣後，照例讓牡丹仙子給她梳頭。牡丹仙子趁王母娘娘不注意，偷偷將假玉簪別在王母娘娘的頭上，而把真玉簪藏在袖子裡面，交給了呂洞賓。呂洞賓得了定山神針，不敢停留，趕忙來到桐柏山。他祭起法寶，口中念念有詞，只見那定山神針化為一道金光，直穿進山裡面去了，才一會兒工夫，那穿山甲就被金光追得破山而出。呂洞賓把雙劍向空中一拋，一下子刺進了穿山甲的胸口，那穿山甲一𠳐叫兩聲就不動了。

除去了穿山甲，呂洞賓又去找太白金星，他怕王母娘娘責怪自己和牡丹仙子，而太白金星資格老、輩份高，王母娘娘一定會看在他的面子上饒恕自己和牡丹仙子的罪過。果然，有太白金星在旁邊求情，再加上呂洞賓和牡丹仙子盜玉簪是為了幫助百姓，王母娘娘就饒恕了呂洞賓的罪過，但牡丹仙子因有思凡之念，有違天規，於是被打下仙界，送往人間，也算遂了她的心願吧！

一直到今天，呂洞賓戲牡丹為民除害的故事仍然被傳為美談，不只家喻戶曉，更是老少皆知。

玉郎尋父

相傳在很久以前，呂洞賓在泰山上修仙學道之時就與幫他盜取玉簪的牡丹仙子有緣，她就是也在泰山上修仙的白牡丹。

有一天，呂洞賓修仙修得累了，出洞遊玩散散心，不經意間遇到了白牡丹。那白牡丹長得十分嫵媚動人，就像一朵盛開的牡丹花，呂洞賓一見之下就動了心，再也靜不下心來專心修道。他心中時時想著白牡丹，一有空就跑去找她，和她一起遊山玩水。這白牡丹正是妙齡少女，情竇初開，久而久之，也對呂洞賓暗生情愫。二人你有情我有意，竟然違背了仙規，珠胎暗結，而這事不知怎麼的竟被玉帝知道了，玉帝龍顏大怒，下令折去呂洞賓五百年的道行，而白牡丹因為有了孩子，再也不能繼續修仙了。白牡丹不能繼續修仙的事不久就被傳為笑柄，白牡丹忍受不了別人的嘲笑，就離開泰山，在一個小村子南面的破廟裡權且安身。十月懷胎之後，她生下一個兒子，因為長得粉雕玉琢一般，就取名叫白玉郎。

轉眼間，白玉郎長到八、九歲，不僅清秀乖巧，而且比別的小孩聰明伶俐。白牡月希望孩子能夠出人頭地，就送他到山陽莊去上學讀書。山陽莊離小村子有五、六里路，中間還隔著一條小河，村裡的孩子要去山陽莊上學，必須脫了鞋襪，越過小河。

上學的第一天，白玉郎高高興興地來到小河邊，正要脫鞋過河，一個老頭走過來對他說：「別脫鞋了，我來揹你過去吧！」白玉郎高興地趴在老頭的背上，老頭就揹著他渡過河去，放學回來，那老頭又出現了，同樣把他揹了過來，天天都是如此。眼前就到了臘月，天氣一天比一天冷起來，白牡丹心疼兒子，就叮囑他說：

「現在天氣冷了，你過河可要注意，小心凍傷了腳。」

白玉郎嘻嘻一笑說：「娘，你就放心吧！我過河從來不脫鞋，怎麼可能凍傷呢？」

白牡丹十分奇怪地問：「不脫鞋怎麼過河？難道你穿著鞋涉水的？」

白玉郎就把老頭背他過河的事一五一十地向白牡丹講了一遍。白牡丹越聽越納悶，不知道那老頭為什麼無緣無故要揹自己的兒子過河，就對兒子說：「今天如果再碰到那老頭，問問他為什麼要揹你。」白玉郎「嗯」了一聲就出了門。

白玉郎來到河邊，只見那老頭又在那裡等著。白玉郎走上前去，那老頭一矮身就叫白玉郎趴到他背上。白玉郎搖搖頭說：「今天我不讓你揹了，那麼多人要過河你都不揹，為什麼單單揹我一個人呢？」

老頭回答道：「他們沒那個命，我揹了他們，他們會折壽的。」

白玉郎忙問：「我有哪個命呢？」

老頭說：「你是仙胎所生，是一朝人王帝主，日後必能當上皇帝。」

放學回家後，白玉郎就把老頭的話向母親說了，白牡丹聽了自然十分高興，從此更加疼愛兒子。

誰知道禍從口出，白壯丹因為說錯了一句話闖下了彌天大禍，連兒子的小命都差點弄丟了。怎麼回事呢？原來，每年的臘月二十三，家家都要供奉灶王爺，打發他上天。白牡丹孤身一人拖著一個孩子，家境十分貧寒，又因為她生個私生子，鄰居都看不起她，平時不是當面給她白眼，就是在背後戳脊梁骨，更別說在這過年過節的時候。大家都像躲瘟神一樣躲著她，如果，白牡丹借沒處借，求又沒處求，只能坐在家裡生悶氣。

正在氣頭上時，在外玩耍的白玉郎又哭著跑進門來，一問才知道，別的孩子都罵他是野種，是沒爹的孩了。白牡丹聽了，心裡更加不是滋味，她安慰兒子說：「好孩子，隨他們罵，那老爺爺不是說你有皇帝命嗎？好好上學，等以後當了皇帝，看誰還敢罵咱們。你自己玩一會兒，我去煮餃子給你吃。」

白玉郎不哭了，自己蹭到牆角去逗鄰居家的小貓玩，白牡丹則到廚房煮餃子。想起這幾年的艱辛，想起街坊鄰居對她冷言冷語，連孩子也跟著受人欺負，不由得又氣又惱。一時激憤，白牡丹拿著子，一抬眼看見牆上貼的灶王爺像，就用掛子著灶王爺的臉說：「灶王爺啊灶王爺，你看著吧，有朝一日我的兒子當了皇帝，我有仇的報仇，有怨的報怨，凡是欺負過我們娘倆的人，我都讓他不得好死，非殺個血流成河才消我心頭之恨！」她越說越是生氣，手底下也沒了輕重，揮起子用力打了灶王爺十幾下，把灶王爺的鼻子打破了，門牙也打掉了。

灶王爺心想：「我又沒得罪你們娘倆，幹嘛拿我出氣啊！一會兒見到玉帝我非告妳一狀不可！」

就在這時，玉帝傳旨召見灶王爺。灶王爺只好捏著鼻子，捂著嘴巴上天叩見玉帝。玉帝一看灶王爺滿臉是血，就忙問怎麼回事。

灶王爺沒好氣地說：「這是白玉郎他娘打的，她還說，如果她的兒子做了皇帝，要有仇的報仇，有怨的報怨，她還說要讓欺負她娘倆的人不得好死，非殺個血流成河才能消她的心頭之恨。」

玉皇大帝聽了，十分生氣說：「好你個白牡丹，只因妳與呂洞賓私通懷的是仙胎，我才讓你的兒子作人間帝王，誰知道妳竟然罵天罵地，還要欺負妳的人不得好死，這豈不連上天也罵在裡面了嗎？再說，還沒得帝位妳就把灶王爺打了一頓，要讓妳真得了帝位，豈不要反上天來？」

玉帝傳下旨意：「來年龍節，抽去白玉郎的龍筋！」

如果，這龍筋一抽，白玉郎就沒了仙氣，成了凡人，再也做不成什麼皇帝了。

這一天，白玉郎照常上學去，白鬍子老頭仍然在河邊等著。等白玉郎走到跟前，老頭對他說：「我就揹你這最後一次了，以後你都必須自己涉水過河了。」

白玉郎忙問：「為什麼？」

老頭嘆了口氣道：「唉，都怪妳娘亂說話，得罪了上天。」說著就把事情的來龍去脈詳細給白玉郎說了一遍。

白玉郎聽後，十分害怕，急忙跪下說：「好爺爺，你得想辦法救我啊！」

老頭搖了搖頭說：「孩子，不是我不幫你，我也實在沒有辦法，玉皇大帝已經下御旨，來年龍節就抽你的筋。現在，要保全你已經是不可能了，你一定要記住，在他們抽你龍筋的時候，你一定要咬著牙，不要出聲。這樣他們就只能抽你身上的，抽不了你嘴裡的，剩下一個龍牙玉口，你說一句還當一句。」說完，老頭突然就不見了。

白玉郎回到家裡，把老頭告訴他的一切都講給白牡丹聽了，母子倆於是抱頭痛哭。白牡丹真是懊悔不已，可是事已至此，也沒有挽回的餘地了。白牡丹想了想，就對白玉郎說：「孩子別著急，到那一天我就把你藏起來，叫他們找不到你不就沒辦法抽你的龍筋了嗎？」

白玉郎一聽倒也是個好主意，於是，一過完年，母子倆就數著日子，生怕忘了日期，到時候沒把白玉郎藏起來。哪知道這一年的正月是小月，只有二十九天，本來已經到了二月初二，白玉郎娘倆還以為才二月初一。

一大早，白玉郎仍舊像往常一樣揹著書包上學去，誰知剛走到半路上，只見天上忽然颳起了大風，一塊黑雲彩飄過來遮住了日光，一聲霹靂緊跟著一道閃電，轟隆隆震得人耳鼓發麻。白玉郎一看這陣勢，知道壞了，他見路邊有一塊墳地，就跑過去爬到供台石桌下面躲藏。他剛剛趴下，就立即聽見一聲轟雷，頭上的石桌一下子被掀出老遠去。不一會兒，就覺得身上鑽心地疼痛，他知道，那是有人開始抽他的龍筋了。白王郎想起白鬍子老頭對他說的話，就咬緊牙關，忍住劇痛，一聲也不敢吭，白玉郎痛得眼前一黑，就暈了過去。

也不知道過了多久，白玉郎才慢悠悠地回過氣來。他覺得身體裡面空蕩蕩的，全身像散架一般，他知道，自己的龍筋已經被抽走了，這輩子也別想做什麼皇帝了。白玉郎受不了這種打擊，變得瘋瘋癲癲的，連學也沒法上了。他恨透了各路神仙，心想：「要不是這些神仙到玉帝那裡去告密，玉帝怎麼會知道母親說的話呢？」於是，他暗下決心，要把世上所有的神仙都扣押起來，讓他們永不能見天日。

這些日子，他家的生活變得更加窘迫了，白牡丹只能每天出去討飯才能保住娘倆的命。白玉郎在家徒四壁的屋子裡找了半天，才找到一個廢棄的葫蘆，於是，白玉郎就拿起這個葫蘆說：「我要把所有的神仙都裝到這個葫蘆裡。」白玉郎拿著葫蘆四處看看，一下子看到貼在爐火間的灶王爺畫像，他一時氣得咬牙切齒，心說：「灶王爺啊灶王爺，就是因為你告密，我才被抽了龍筋，我首先把你裝到葫蘆裡來。」只見他舉起葫蘆，對著灶王爺的畫像喊道：「灶王爺，到我的葫蘆裡來吧！」就聽到「吱」的一聲，灶王爺化成一股青煙，一下子鑽進了葫蘆。原來，由於白玉郎真的沒吭一聲，抽龍筋的時候還真給他剩下了個龍牙玉口，說一句當一句。從此，這破葫蘆真成了他的裝神葫蘆了。

白玉郎見此法可行，又驚又喜，於是走出家門，一直向東走去，見神裝神，邊走邊裝，他又周遊了天下的名山大川、廟宇仙洞，凡是遇到的神都被他裝進葫蘆。不久，地上的很多神仙被他裝進了葫蘆。一時之間，各路神仙真是人心惶惶，一聽他來了趕緊聞風而逃。

就這樣不知過了幾年，這一天，白玉郎提著葫蘆就走到泰山腳下的泰安城。

那號稱泰山奶奶的碧霞元君，這一天正在打坐參禪，突然覺得心神不寧，她知道必有災禍降臨，連忙掐指一算，不由得大吃一驚，心說：「不好！白玉郎那瘟神到泰山來了，聽說一路上他見神裝神，見仙收仙，不知有多少神仙被他裝進那破葫蘆裡去了。如今他來到泰山，如果再不想辦法，遲早會裝到我頭上來。」

她低頭沉思良久，方才想出一計。

碧霞元君念動真言，招來四條火龍，派牠們去把白玉郎團團圍住。這時候，白玉郎正提著他那裝神葫蘆在半山腰歇息。原來，白玉郎從岱廟到山腰一路裝來，突然感到全身燥熱，就像著了火一般，沒走幾步，身上的水分就變成汗流光了，白玉郎又饑又渴，但看看這地方是前不著村、後不著店的，哪有充饑止渴之物。白玉郎正焦急之際，只見對面來了一個五十來歲的老太婆，左胳膊上扛著個竹籃，右手提了個瓦罐，想來必有充饑止渴的東西。

白玉郎渴得實在不行了，連忙迎上前去，誰知行走起來更加困難，一步一喘，就像爬火焰山一般。白玉郎爬呀爬呀，看著那老太婆就在不遠處，可是爬了半天，費了好大的勁才來到老太婆的跟前。

白玉郎彎腰施禮說：「老婆婆，大熱天的妳這是幹什麼去啊？」

「給我的兒子送飯送水去呀！」

白玉郎一聽，可樂壞了，連忙央求道：「好婆婆，我現在是又渴又餓，妳行行好，給我點吃的吧！」

老太婆一聽連連搖搖頭道：「不行不行，這是給我兒子吃的，你吃了叫我兒子吃什麼？」老太婆頓了一頓，又接著說：「咱們一不沾親，二不帶故，我憑什麼把東西給你吃呢？要吃也行，不過你得跪下給我磕三個頭，再叫三聲親娘，你答不答應？如果不答應我就走了。」

白玉郎心想：「在這荒山野嶺的，再想找別人可就難了，再說現在餓得、渴得實在走不動了，反正四下不見半個影，也沒什麼不好意思的，就給她磕三個頭叫三聲娘又能怎樣呢？」於是，白玉郎雙膝跪下，「咚咚咚」叩了三個響頭，又叫了三聲親娘。那老太婆連忙答應了三聲就從竹籃裡拿出了幾塊餅，從瓦罐裡倒了一碗米湯，讓白玉郎吃飽喝足，然後，老太婆就不見了。原來這老太婆不是別人，正是泰山奶奶碧霞元君變的，她騙過白玉郎後就召回四條火龍，然後靜靜地坐在泰山頂上專等著白玉郎來裝她。

白玉郎吃飽喝足，也不覺得熱了，就提起他的葫蘆繼續上山。無論是山神、地神、家神、野神，廟裡的神還是觀裡的神，都被他裝了個乾淨。最後，白玉郎終於來到了泰山頂上，他抬頭一看，眼前是一座金碧輝煌的大殿，匾上寫著「碧霞祠」三個字，白玉郎知道這是碧霞元君的住處。白玉郎跨進大殿，見一位女神正端坐在蓮花寶座上參禪悟道，他也不管那是誰，就從腰裡解下葫蘆，往前一舉，就要把那女神也裝進去。

誰知道，那女神突然開口斥責說：「好你個沒良心的白玉郎，在你又累又渴的時候，是誰給你餅吃，是誰給你湯喝，你別忘了你曾經磕了三個響頭叫了我三聲親娘的，你連你的親娘也敢裝嗎？」

白玉郎一聽，吃了一驚，抬頭仔細看看，原來那女神果然是剛才在山腰上送飯湯的老太婆。白玉郎一下子猶豫起來，半天拿不定主意。

碧霞元君見白玉郎心神不寧，忙大喝一聲：「不孝子，見了親娘還不下跪！」

白玉郎一驚，急忙跪倒，沒想到「砰」的一聲，他那寶葫蘆掉在地上摔碎了，那些裝在葫蘆裡的各路神仙，全順著陡峭的石階骨碌碌地滾下山去。他們在黑漆漆的葫蘆裡少則待了幾個時辰，多則住了好幾年了，這一下總算見了天日，紛紛見廟進廟，遇洞鑽洞，一下子逃得無影無蹤。

不到一會兒工夫，從山頂到山腳，什麼牆角石縫裡都藏滿了神仙。所以，泰山的神仙比其他任何地方的都多都全。那灶王爺是白玉郎抓的第一個神仙，他也在葫蘆裡憋得最久。這次逃出來以後，他嚇得再也不敢亂說別人的壞話了。不過，人們還是怕他又犯老毛病，就在他的神像邊寫上一幅對聯來提醒他：「上天言好事，回宮降吉祥。」

碧霞元君見白玉郎的葫蘆已碎，眾神也都逃了出來，就對白玉郎說：

「孩子，你已經把眾神送到我這裡來了，玉旨已下，眾神皆由我統管，從此佑護神州，國泰民安。唉，孩了！其實你的身世也挺可憐的，我就給你指條明路，去見你的父親呂洞賓吧！」

白玉郎聽說能見到父親了，連忙叩頭謝恩，請求碧霞元君告知他父親的行蹤。碧霞元君道：

「你父親就在山腳下河對岸的山洞裡修行，你快快去見他吧！」白玉郎再次謝過碧霞元君，就急匆匆跑下山去。跑著跑著，眼前突然出現一條洶湧湍急的大河，足有好幾丈寬，深不可測。白玉郎在河邊徘徊良久，始終想不出過河的辦法。

正在洞裡修行的呂洞賓掐指一算，知道兒子在找他，被河水所阻，就把手伸到對岸去，說道：「是我兒子，上我手來。」

白玉郎認出是自己的父親，縱身一跳跳到呂洞賓的手心裡，立即化為一股仙氣，回歸父體。

呂仙獻壽

世上總有些人以自己的身高為傲，但是如果你到了的山東益都，那裡的人就會對你說：「你再高也高不過一寸。」他們為什麼會這樣說呢？這是因為益都南邊有座雲門山，山北面有個石刻的大「壽」字。這個大「壽」字，足有七米半高，它下面的那個「寸」字占了全字的三分之一，剛好兩米半。你說，這世上，能有幾個人能有這一「寸」高呢！

千百年來，人們一直議論紛紛，不知這麼大一個壽字是誰寫上去的。有人說，這是明朝衡王府的總管寫的，也有人說是一位雲遊道人寫的。不過，最有道理，最令人信服的是這最後一種說法，那就是八仙之一呂洞賓寫的，這也難怪，除了仙人呂洞賓，誰還有那麼大的本事呢？至於說呂洞賓為什麼要寫這個壽字，還有一段美麗的故事呢！

據說，明朝皇帝把他的第五個兒子封為衡王，封地就是這山東益都，當時叫青州城。衡王到了他的封地後，立即大興土木，建造衡王府，修府的錢全都是從老百姓那裡搜刮來的。不單這樣，他還徵百姓無償地為他服勞役，搞得民不聊生、怨聲載道，老百姓無不在背地裡咒罵他早死。但越壞的人越怕死，衡王雖然幹盡了壞事，但他卻盤算著能延年益壽，這一年正好是他五十大壽的時候，衡王更是打算要隆隆重重的慶賀一番。

在他五十大壽那天晚上，衡王府內張燈結彩，壽幛高掛，歌舞昇平，熱鬧非凡。青州城內的大小官吏、財主、富商為了巴結這皇親國戚，無不攜帶重禮前來賀壽。在宴會開始之前，這些賀壽的賓客紛紛咬文嚼字地向衡王道福祝壽，聽得一片祝頌之聲，這衡王的嘴巴就像拱起了「頂門柱」，沒有合上的時候。

眾人都在搜腸刮肚，盡找好聽的話向衡王祝壽，突然在一片「嗡嗡」聲中傳來一聲大喝：「大家都坐下吧，來，喝酒！」這聲音就像一口大鐘，震得眾人耳鼓發麻，連那四周的麻雀都被嚇得四處逃竄。有許多人被這突如其來的一聲喊叫嚇得呆住了，定了定神才記起尋找說話之人。

起初，很多人還以為是衡王叫的，誰知仔細一看，聲音是出自一位奇異的客人之口。這個人衣衫襤褸，毫無貴人的氣質，十足一副叫化子的模樣。眾人十分吃驚，心想：「連一般的小縣官想要撈到這個入席的機會都不容易，這個叫化子是怎麼進來的？而且還有恃無恐的在這裡高聲喧嘩，莫不是衡王請來的一位有怪僻的貴賓。」

衡王心裡也很納悶：「這是什麼人呀？我可不認得！」

那人倒不管別人怎麼看，就像到了自己家裡一樣，大大方方地走到首席上，一屁股坐了下來，又接著嚷嚷道：「來，大夥兒先來個『滿堂紅』，都把酒杯舉起來！舉起來！」

這衡王是個火藥脾氣，一見火星就炸，如果在平時，他馬上就叫人把這個人拖出去宰了。但想想今天是大喜的日子，不能見血光，再說今天這樣高興，又有這麼多客人在此，如果因為此人擾亂了壽宴那可不划算。所以衡王的臉上始終掛著笑容。客人見那人如此放肆，衡王不但沒有生氣，還始終微笑著看著他，更相信他與衡王有著非比尋常的關係，這樣一個人物可不能得罪，客人們忙齊刷刷地舉起了酒杯。

那人把杯中酒一口喝乾，也不理眾人，又忙命旁邊的侍從趕快替他斟酒。等侍從為他斟好了酒，他才又扯開喉嚨喊道：「各位客人，這些菜肴做得不好，大家不要嫌棄，快吃，猛吃，吃完了事！」說完，還轉頭看了看衡王。

衡王也被弄糊塗了，不好意思地笑了笑說：「是啊，是啊，酒菜欠佳，請大家多多包涵，多多包涵！」

這時候，衡王府的總管朱全總算弄懂了一點門道。因為這次宴會的一應事務全由他主管，特別是安排席位，發放請帖這些事都是他親自動手的，想來想去：「沒有這個人啊！對啊，准是混進來騙吃騙喝的癲狂乞丐。」不過，在這麼大的場面上，朱全在弄明白之前倒也不敢放肆。

這朱全倒也精明，只見他眼珠一轉，計上心來，就走到首席旁邊，向眾人抱手一禮地道：「諸位，聽說為了祝願衡王殿下萬壽，大家都準備了許多華貴的壽禮，就請當著眾人的面獻出來，也教大家開開眼界！」

朱全這一招可說高明，如果那位客人真是來賀壽的賓客，必有出眾的禮物，否則必是騙吃騙喝的乞丐，到時真相大白，再好好地收拾他。而且，這一招也很合衡王和眾賓客的心意。衡王早就想看看眾人給他準備了什麼貴重禮物，而那些賓客更是迫不及待地想快點亮出自己的珍品，震震旁人，引起衡王的注意，從而和衡王拉點關係，從中獲利。因此，聽朱全這麼一說，滿堂賓客齊聲回應。

賓客們都爭先恐後地獻上自己費心盡力搜刮來的寶貝，這個獻上金塑的「金魚（玉）滿堂」，那個送來金雕的「鹿鶴（六合）同春」，其餘的，什麼飛龍、臥虎、麒麟等金物是應有盡有，一時之間，廳堂上是金光閃爍，耀得人們眼花撩亂。當別人送禮物的時候，朱全一直斜眼看著那位怪客，看他是不是會藉機溜掉，誰知那人一直穩穩當當地坐在首席上，對大家送的禮物面露鄙夷之色。

等眾賓客的禮物都獻了上來，朱全才笑嘻嘻地走到那位怪客身旁，裝得彬彬有禮地問道：「請問這位客人，您的禮物是……」那人並不答話，只是冷冷一笑，從他那身破爛的衣服上扯下一塊破布，蘸起酒，衝著南方舉起手指空劃了幾筆，就用手指著那破布說：「禮品在那邊山上呢！」

朱全見那人裝模作樣地折騰了半天，還說什麼禮品在山上，就要發火。誰知這時候，有人突然叫起來：「快看，那邊山上有字！」眾人忙抬頭朝那山上觀看，果不其然，那南山上正衝衡王府大門的地方，顯出了一個大大的「壽」字。那「壽」字與月光交相輝映，不斷閃著白光，就像夜明珠拼成的一樣，十分玄妙。眾人見了，無不鼓掌喝彩，嘖嘖稱絕。

朱全也不是糊塗人，知道今天遇到了世外高人，急忙彎腰施禮道：「敢問先生尊姓大名……」那人並不理睬朱全，仍舊只是冷冷的在重複他說的那句話：「禮品在山上！」

眾人也都想知道是誰有這麼大本事，但那人卻不願說出他的姓名，大家也無可奈何。有些自以為聰明的人，認為那山上有他的署名，睜大了眼睛使勁張望，除了那個大壽字，什麼也沒有。

衡王望著那個大大的壽字，得意得不得了。心想：「在我五十大壽這天給我送這麼大一個壽字，以後的人一看到那壽字就會想到我，從此，我就威名遠播了。」可是他還貪心不足，不由得說道：「妙啊！妙啊！要是能在我的大廳裡也寫上這麼一個壽字，那就更妙了。」其中一個比較有學識的客人連忙對衡王解釋道：「衡王殿下，這主意好啊，是說你能夠壽比南山！」據說，以後人們祝壽時說的「壽比南山」就是從這裡來的。

那衡王聽了客人的解釋，心裡更高興了，於是四處尋找那位怪客，打算重重賞他，一看之下，才發現那怪客已經蹤影皆無。衡王一問，眾賓客誰也不知道這人是怎麼走的，就像沒有人知道他怎麼來的一樣。

眾人見此人這樣來無影、去無蹤，更對他的身份產生了濃厚興趣。突然，剛才那位有學識的客人恍然大悟，大叫道：「唉呀呀！我知道剛才那怪客是誰了，他不是別人，正是仙人呂洞賓啊！」

「你怎麼知道他是呂洞賓？」眾人不解地問。

那客人得意地解釋道：「剛才，朱總管問他名字，他並沒有直接回答，而是重複了一遍『禮品在山上』，我們都以為他答非所問，其實不是，他正是在回朱總管的問話，只不過打了一個字謎罷了，所謂『品』在『山』上，不就是個『品』（岩）字嗎？呂洞賓名品（岩），所以說，我敢確定他就是呂洞賓大仙！」

眾人經他這麼一提醒，方猛然醒悟。

那朱全也會耍點小聰明，他靈機一動，也想到了什麼，就對眾人說：「對！那就是呂大仙，大家忘了，剛才呂大仙招呼我們吃菜，就像在自己家一樣，那也是呂大仙在暗示咱們，『賓至如歸』嘛。」

「對啊！對啊！」客廳裡鬧翻了天，一些阿諛奉承之輩抓住機會，大叫：「八仙祝壽，衡王殿下萬壽無疆！」

衡王高興得快暈過去了，不停地舉杯招呼客人：「來來來，乾杯！乾杯！」

衡王正高興得忘乎所以之際，一個客人忽然擠到衡王面前，輕聲對他說：「衡王殿下且慢高興，那大壽字的一『點兒』沒寫上去。」

聽到這人說話的人都轉身揉了揉眼睛仔細一看，可不是嘛，那「壽」字下面確實缺一「點兒」。一時之間，大廳裡的氣氛一下子凝重起來，再也沒有敢高聲喧嘩，只傳來低聲議論聲：「這可不吉利啊，那不是說衡王大人『缺一點壽』嗎？」

也有人說：「是啊，這不明擺著說衡王『壽不全』嗎？」

衡王聽著這些議論聲，手中酒壺「噹啷」一聲掉到地上，他自己也不由自主跌坐在椅子上，喃喃自語道：「恐怕那是在說我『沒有一點壽』哇！沒有一點壽，豈不是馬上就玩完了嗎？」本來熱熱鬧鬧的祝壽大廳，轉眼間變得如墳場一般鴉雀無聲。眾賓客連大氣也不敢出，生怕惹這位衡王殿下不高興，腦袋就得搬家。衡王見此情景，哪還有心情祝壽，揮了揮手，示意壽宴到此結束。眾賓客如獲大赦，紛紛告辭，像躲避瘟疫一樣逃離了王府。

衡王望著空蕩蕩的大廳，不知怎麼辦才好，還是朱全乖巧，忙對他說：「殿下，唯今之計，得立即找來快腿轎夫，由殿下你親自出馬去追那呂洞賓，求求他把那一點兒添上不就行了嗎？」衡王聽此計甚妙，立即依計行事。這些轎夫的腿腳還真快，還真的追上了呂洞賓，衡王見追上了呂洞賓，趕忙從轎裡出來，向呂洞賓又是叩頭又是作揖，說什麼自己是「有眼不識泰山」，剛才慢待了呂大仙，請呂大仙大人不記小人過，原諒自己的過錯。

哀求了半天，呂洞賓才理了理鬍子，漫不經心地說：「好吧！我就給你添添壽吧！」說著，一抬腿鑽進了衡王剛才坐在的那頂轎子，叫道：「起轎！」衡王連忙示意轎夫起轎，他自己只好跟在轎子後面，一路小跑，累得氣喘吁吁，大汗淋漓才回到大廳裡。不過，這時衡王恐怕也顧不得累了，為了能夠添壽，即使呂洞賓要他跟在轎子後邊爬回來，他都願意。

衡王累得直喘大氣，就迫不及待地跪在地上請求呂洞賓趕快把「壽」字上那一點給他添上。呂洞賓可不著急，叫了一聲：「上茶！」衡王不敢怠慢，趕快親自倒了一碗茶端上去。呂洞賓接過茶杯，輕呷了一口就放在茶几上，開始閉目養神。衡王急得是抓耳撓腮，乾著急卻沒有辦法，他不敢得罪呂洞賓，只好乖乖跪在一旁等著。

呂洞賓見把衡王折騰得也差不多了，才伸伸懶腰站起來，命衡王去搬一口大缸來。衡王見呂洞賓準備給他添壽了，跑得比風還快，不到片刻工夫，就跌跌撞撞地搬來了一口大缸。

呂洞賓讓衡王向缸裡倒滿酒，就脫下他那身粗布破褂子，淹到酒裡，抓住衣領攪起來。說也奇怪，那缸裡的酒攪著攪著，竟然慢慢變成了黃色，而且顏色越來越深。等到那酒變成金黃色的時候，呂洞賓忽然大喝一聲「嗨！」提起衣服向南方一揚手，只見一道金光從呂洞賓手中飛到南山，轉眼間，那「壽」字的「點兒」就寫上了，而原來閃著白光的「壽」字，陡然間變得金光燦燦，光芒四射，照得整座青州城都光明一片。據說，現在的老人們還能指著那「壽」字的那「點兒」，說出哪兒是呂洞賓那件衣服的領子，哪兒是那件衣服的袖子。

再說那衡王，見「壽」字已經添全，而且又變得金光燦燦，就夢想著自己的壽命能夠像金壽一樣永放光芒。他慌忙向呂洞賓躬身行禮說：「勞駕呂大仙給我添了個全壽。」

誰知呂洞賓擺了擺手，搖頭道：「不，我只是給你添了『一點壽』！」說完，光著膀子大步流星地走出衡王府，揚長而去。

衡王也沒有在意呂洞賓的話，反正添壽就行。他了卻心事，連忙坐下來歇口氣，一抬眼卻發現賓客們給自己送的壽禮全沒了蹤跡，他方才醒悟，原來都讓呂洞賓化在酒裡，塗在那「壽」字上了。衡王是又氣又惱，一時急火攻心，癱倒在椅子裡，嘴裡有氣無力地嘟囔著：「原來，原來呂洞賓和老百姓都是——都是一個心眼兒啊……」

話沒說完，就口吐鮮血栽倒在地，半天不到就一命嗚呼了，果然像呂洞賓說的——只添了一點壽！

張賣魚的故事

很久以前，杭州城裡住著一個以賣魚為生的孤老頭，雖然老頭子起早摸黑，沒日沒夜地幹活，仍然窮得連破房子也租不起一間。幸好附近有個道觀，院主與老頭子有些交情，就讓他寄住在道觀裡。老頭子無兒無女，大家都不知道他姓什麼、叫什麼，看他整日挑著擔子到街上賣魚，就乾脆叫他「張賣魚」。

張賣魚十分忠厚老實，如果別人欺負他，他也只會紅紅臉就躲開了。大家看他好欺負，就經常有人想方設法占他的便宜。魚行老闆在賣魚給他的時候，總把最差的魚賣給他。再加上人們買魚的時候常常挑來挑去，挑得活魚也變成了死魚，一直折騰到中午還剩下大半擔，沒辦法只好折價賤賣，經常連老本都賠進去了。

有一年的夏天，天氣特別悶熱，張賣魚寄住的小屋又小又不通風，熱得像蒸籠一樣。他躺在床上翻來覆去，滿身的臭汗，怎麼也睡不著，他只好拿了一床破草席，鋪在屋簷下的臺階石板上，手拿大薄扇，一邊搧風一邊驅趕蚊蟲。就這樣一直躺到半夜三更時分，他才迷迷糊糊的睡著了。

張賣魚正睡得香甜，突然聽到前面「碰」的一聲響，好像是道觀的大門被人推開了，然後又傳來雜亂的腳步聲，似乎進來了不少人。張賣魚心想：「這半夜三更的誰會到這裡來呢？莫非是強盜？」想到這裡，張賣魚哪裡還有心思睡覺，連忙爬起來躲在牆角偷偷查看。只見前後進來了八個人，有的揹著葫蘆，有的牽著毛驢，還有人提著花籃，其中一個瘸著腿，一拐一拐地落在最後。張賣魚不知他們是什麼人，只悄悄跟在他們後面，看他們要幹什麼。

突然，其中一個捏住鼻子對其餘的人說：「我們才幾個月沒來，怎麼這個清淨的道觀變得腥臭熏天了？」

張賣魚一聽，原來是這裡的常客，倒是自己多慮了。聽那人問話，連忙走上前去說：「小人家境貧窮，無家可歸，寄住在道觀裡靠賣魚為生，還有一條死魚沒有賣出去，可能放得久了，魚腥玷污了道觀，還請各位道長多多包涵！」

那說話的道士見老頭子倒也忠厚老實，就對他說：「哦，還有一條死魚？不如就賣給我吧！」

張賣魚急忙搖頭道：「道長，區區一條死魚，哪敢出賣，道長如果需要，送你就是了。」說著，轉身進屋把那條死魚提出來遞給那道士。

那人接過死魚，竟然不怕腥臭，只放在鼻子下聞了聞。

誰知那條死魚一碰到那道士的鬍鬚，竟「撲」的掙扎了一下，道士不由得哈哈大笑道：「這哪裡是死魚，明明是活的嘛！」

張賣魚大吃一驚，這條魚明明早就死了，怎麼會又活了呢？老頭抬頭仔細打量了眾人，見他們個個氣度不凡，知道是遇到了神仙，那個買魚道士背上揹著雙劍，難道是神仙呂洞賓，那別的幾位一定就是八仙中的幾位了。

張賣魚認出眾人，連忙跪拜，那買魚道士連忙扶起他，轉身把魚放進旁邊的木盆裡，那魚擺擺尾巴，游了起來。

那道士理了理鬍子，笑問道：「老人家，你說死魚能送，這活魚送不送呢？」

張賣魚忙回答說：「我老頭子窮是窮，但一條魚總還送得起，上仙要是有用就拿去吧！」

那道士點了點頭，隨手拔了一根鬍鬚，對張賣魚說：「老人家，你心地善良，我也沒什麼好送你，這根鬍鬚你拿著，或許能夠派上大用場！」這時候，那另外七仙已經走出了門外，回頭招呼呂洞賓快走，呂洞賓應了一聲：「就來了！」便化成一道白光不見了。

第二天，張賣魚又挑著擔子來到魚行。但因天氣燥熱，打起來的魚沒過多久就死了，那魚行老板正發愁那些死魚沒法處理，見張賣魚過來，連忙招呼夥計給張賣魚裝貨，那夥計也是心領神會，暗暗把許多死魚裝進張賣魚的擔子裡。等張賣魚挑到大街上一看，有大半是死魚，他也不計較，就在街上叫賣起來。吆喝了一上午也沒賣出幾條，眼看就要中午了，如果再賣不出去，魚就要壞掉了。

張賣魚突然想起昨晚呂洞賓用他的鬍鬚把死魚救活的事情，心中一亮，趕忙把擔子挑到僻靜的地方，掏出那根鬍鬚來試一試。說來真是奇怪，那些死魚一觸到這鬍鬚就一條條活蹦亂跳起來。張賣魚挑著這些鮮活的魚在大街上只轉了一圈，就把魚全都賣了出去，而且還賺了不少錢呢！

張賣魚興高采烈地挑著空擔子往回走，路上碰見幾個同行苦著臉正在那裡唉聲嘆氣。上前一問才知道，他們的魚都死光了，賣了半天也沒賣出去。張賣魚是個老實人，不願獨占便宜，就對那幾個同行說：「各位不用著急，我能讓你們的死魚都活過來。」說著，就掏出鬍鬚，把他們的死魚都救活了。

同行們見這樣神奇，都好奇地問張賣魚：「張大哥，你這些仙術是從哪裡學的？」張賣魚就老老實實地把昨晚的事情給這些同行講了一遍，大家都誇張賣魚福氣好。從此，只要哪個同行的魚死了，找到張賣魚，他二話不說就幫他們把魚變活。從那以後，賣魚的窮人都開始過好日子了。

俗話說，沒有不透風的牆。張賣魚有寶貝鬍鬚的事傳到了魚行老闆的耳朵裡，老闆聽了眼睛都變紅了，心想：「我這裡死魚那麼多，如果能把那鬍鬚搶過來，不就發財了嗎？」於是，他就想方設法要霸占張賣魚的鬍鬚，但因為賣魚的同行都是窮苦人出身，而且都或多或少得過張賣魚的好處，大家都齊心協力幫助張賣魚，那老闆軟硬兼施，仍然沒把鬍鬚搞到手。

這一天，杭州城裡貼出了皇榜，說是皇宮裡貴妃娘娘心愛的金魚死了，命令全國各地尋找一條同樣的金魚進貢，如能稱了娘娘的心意，必有重賞。這件事傳到了魚行老闆那裡，這個發財的機會哪能錯過，他費盡心思四處搜羅各式各樣的金魚獻給貴妃娘娘，可惜都不合娘娘心意。原來，那貴妃娘娘只喜歡她那隻死去的金魚，別的金魚即使和那隻金魚一模一樣，她也看不上眼。

魚行老闆得知內情，就想到張賣魚的鬍鬚，心想：「貴妃娘娘只喜歡那隻死金魚，如果用張賣魚的鬍鬚把金魚救活不就稱了貴妃娘娘的心意嗎？」

於是，魚行老闆馬上跑去找錢塘縣令，把張賣魚的仙法向他作了報告。錢塘縣令一聽心想：「這可是個升官發財的好機會！」於是馬上帶著衙役跟著魚行老闆來到張賣魚的家。

縣官見著張賣魚，便把皇榜的事一五一十向張賣魚講了一遍，笑嘻嘻地對張賣魚說：「只要你醫活貴妃娘娘的金魚，將會一生榮華富貴，哪還要賣魚啊！」

張賣魚聽了只是嘿嘿一笑，老老實實地說：

「我這賣魚老頭天生就是勞碌命，不挑魚擔反而會腰痛的。再說，我只能醫活百姓吃的魚，哪裡醫得活貴妃娘娘玩的魚呀！」

縣官一聽張賣魚是敬酒不吃偏要飲罰酒，氣得雙眼一瞪，大喝一聲：「來人呀，給我搜！」

這些差役狗仗人勢，餓狼一般竄到老頭屋裡就翻箱倒櫃一陣亂搜，但是要搜一根細細的鬍鬚談何容易呀！縣官見搜了半天，仍然一無所獲，只好命差役把張賣魚抓到衙門裡，還惡狠狠地說：「你要是不交出那根鬍鬚，我就把你這個死老頭的鬍鬚統統拔下來！」

張賣魚見縣官和魚行老闆氣勢洶洶的樣子，知道這次不能善罷甘休了。張賣魚心想：「你們這群只知欺壓百姓的畜生，我就是把鬍鬚扔了，也不讓你們拿去巴結皇帝，升官發財。」張賣魚裝出很害怕的樣子，低聲下氣地說：「大人饒命啊，我一個孤老頭子，我這就去把藏著的鬍鬚給你找出來。」

錢塘縣官見老頭屈服，十分高興，便放鬆了精神。只派了兩個衙役跟著張賣魚去取鬍鬚。張賣魚帶著衙役走，不一會見來到了西湖邊，張賣魚說：「鬍鬚就藏在這裡的草叢裡。」說著就彎下腰裝著在草叢裡找鬍鬚的樣子，趁那兩個衙役不備，張賣魚偷偷把那根藏在袖口裡的鬍鬚丟進了西湖裡。等差役們看見了再去打撈，哪裡還有鬍鬚的影子。

三難一欺試張仙

相傳很久前，有個從小就失去了父母，也沒有別的親人的張姓青年，獨自一人過著艱難的生活。由於父母走得早，還沒來得及幫他取名字，所以大夥都不知道他叫什麼。這青年孤苦無依，很羨慕神仙的生活，於是潛心修煉，希望有朝一日能修成正果，得道成仙，為此，他白命為「張仙」。

但是，怎麼樣才能成神仙呢？這張仙想了半天，突然恍然大悟，就把家裡那僅有的一點家產賣掉，買了些木板，釘了一艘渡船，親自搖槳把舵，在門前的渡仙河上熱情地搖渡來往行人。因為他聽人說，人要做神仙，必須品行好、意志堅。這張仙決心倒是挺大，他在河上渡啊渡啊，整整渡了三年，也不曾放棄，這還真把呂洞賓給感動了，他決定親自來試張仙。

這一天，正是冬天的早晨，天才濛濛亮，人們都還在被窩裡酣睡呢！渡仙河上，寒風刺骨，大雪紛飛，誰會願意在這種鬼天氣擺渡呀？呂洞賓為了試試張仙的誠心，偏偏就在這時候來到河對岸叫渡。那張仙正躺在被窩裡作著美夢，聽到有人要渡河，趕忙掀開被子，一骨碌地爬起來，披上蓑衣，戴著斗笠，雙手捂著嘴呵了幾口熱氣，又合掌搓了幾下，拿起竹篙就把渡船撐到了呂洞賓面前。

呂洞賓看了，心裡挺高興，心想：「這人還真不錯，這麼冷的天，這麼早的時辰，他都肯起來，看來意志還蠻堅定的。」呂洞賓上了船，張仙一邊撐著篙一邊對呂洞賓說：「先生還是到船篷裡坐著吧！外邊風雪太大。」

呂洞賓也不推辭，就鑽到船篷裡去了，那張仙站在船篷外邊，在寒風大雪中凍得瑟瑟發抖，手臉也凍得紅紅的。

呂洞賓一見，不由得問道：「小兄弟，你這樣辛苦的擺渡，一天能賺多少銀子啊？」

沒想到張仙鼻子裡「哼」了一聲，不屑地說：「要是為了銀子，我才不幹呢？我是想做點好事，積些德行。」

「為什麼要積德行呢？」呂洞賓又問。「做神仙，你不知道，我做夢都想做神仙。」張仙停了竹篙，望著呂洞賓說道。

「做神仙有什麼好的？」呂洞賓不屑地說。

張仙上上下下打量著呂洞賓，只見他雖然衣服破爛，但是鶴髮童顏，頗有仙風道骨，背上還揹著兩口寶劍，不覺心裡一動，覺得好眼熟，想了半天，忽然衝呂洞賓叫道：「我認出來了，你是神仙呂洞賓。我在《八仙圖》上見過你的畫像。」

這時候，渡船到了岸邊，呂洞賓站起來就要走，那張仙見到真神仙，哪肯錯過這個機會，他連忙跪在呂洞賓身前，一把扯住呂洞賓的衣角懇求道：「大仙，請看我誠心求道的份上，收我為徒，渡我也做個神仙吧！」

呂洞賓笑笑說：「既然被你認出來了，我也就不隱瞞了。我這次來就是專門渡你成仙的，不過，你成不成得了仙，不是看我，而是看你能不能撐得過了『三難』、『一欺』。過得了，你就是神仙；如果過不了，那說明你修為不夠，還需繼續努力。」

張仙連連點頭道：「只要師父肯渡，莫說是『三難一欺』，就是像唐僧去西天取經那樣要經歷九九八十一難，我也能熬過來。」

呂洞賓點點頭，便棄船上路，張仙緊緊跟在後邊。

兩人翻山越嶺，走了足足有兩個時辰，來到一條大河邊。只見那河面有四、五丈寬，河水黑壓壓的，深不見底，那浪濤之聲如猛獸吼叫，波浪如山滾滾而來，就是一片樹葉也浮不起來。他們如果要繼續往前走，就必須跨過這條大河。

呂洞賓說：「你跟在我後面從河面上走過去吧！」說完就縱身跳下了河。

說也奇怪，呂洞賓一接觸水面，不但沒有被惡浪吞沒，相反地，他周圍橫著的約丈把遠的河水，濤不吼、浪不興，平滑如鏡。呂洞賓泰然自若地在河面上緩步慢行，又回過頭來笑著叫張仙快來。

張仙也來不及想什麼了，把心一橫，壯著膽子也跳下了河。沒想到，他一下河，周圍的河水也像呂洞賓那樣平如鏡、柔如緞，走在上面如履平地一般。

張仙輕輕鬆鬆通過了第一難，呂洞賓笑了笑，繼續向前走去。走著走著，張仙就覺得天氣越來越熱，就像附近有個大火爐一樣。拐過一個山角，張仙抬頭一看，前面竟然出現了一座火山，只見滿山遍嶺，濃煙滾滾，烈火熊熊，彷彿到了《西遊記》裡說的火焰山。

呂洞賓又對張仙說：「跟在我後面從火中走過去吧！」說著，呂洞賓健步如飛，無所顧忌地走入熊熊烈焰之中，說也奇怪，他走到哪裡，哪裡就有大約方圓二丈大小的地方，無煙無火。

張仙也不等呂洞賓回頭叫他，堅定地衝入火中，沒想到一進火裡，他周圍二丈大小的地方馬上煙火皆無，毫不費力就走過了火山。

走過了火山，呂洞賓只是微微點了點頭，一句話不說就又向前走去。又走了大約兩個時辰，一道萬丈深谷擋住了去路。

張仙站在谷邊，探頭往下觀看，谷底漆黑一片，什麼也看不到，不知有多深，只看到半空中飄著朵朵白雲。張仙平時最怕高了，心裡不禁直打顫。

呂洞賓卻一副滿不在乎的模樣，他也不招呼張仙了，縱身跳下了深谷，就像一塊石頭一樣飛快地掉了下去，由大變小，一會兒就不見了蹤影。

張仙嚇呆了，半天才回過神來，心想：「有什麼好怕的，前兩難不都很容易地過來了嗎，這一次想必也不會有事的。」張仙心一橫，眼一閉，不管三七二十一，往前一跳。就覺得身體騰空，飛快地往下墜，耳邊的風聲呼呼響。張仙心想：「以這個樣子往下降，非摔成肉泥不可，看來這一次死定了。」

也不知過了多少時間，他的身子彷彿被兩隻溫暖的東西托住，不再往下掉了。張仙驚魂未定，慢慢睜眼一看，原來是呂洞賓伸出雙臂接住了他。張仙連忙翻身下地，又驚又喜地望著師父。呂洞賓這下才露出了滿意的笑容，對張仙說：「好了，『三難』我都在你身邊，必要時還可幫幫你，但這『一欺』就要靠你自己了。好啦，我走了，明早再來找你。」說完，化成一道清風飄去。

張仙沒想到呂洞賓說走就走，忘了問問他這裡是什麼地方了。張仙眼看著天就要黑了，但在荒山野嶺之地，哪有安身之處啊！但也沒辦法，張仙只好到處尋找，找了半天，莫說人家了，就連草棚都沒見一個。

天說黑就黑下來了，遠處傳來了野獸的嚎叫聲，張仙嚇得直發抖。張仙正不知所措，忽然看到遠處隱隱有燈火閃動。張仙心頭大喜，就不顧一切地朝燈光走去。他走近燈光，果然是戶人家。張仙急忙上去敲門，開門出來的是一位老婦人，大約有五、六十歲，穿戴華麗，舉止端莊。張仙趕快躬身施禮，說明來意。那老婦人點了點頭，側身請張仙進屋。

張仙進屋後，四處打量。只見房間寬敞整潔，兩支大紅蠟燭燃燒著，把整間屋子照得如白晝一般。屋子四周的牆上掛滿了字畫，頗為文雅。房子中央放著一張朱漆八仙桌，桌上擺滿了金器玉具，珠光寶器，奪人眼目。桌旁，整整齊齊排列著八把墊著繡墊的雕花交椅。張仙看了，知道這是一個殷實富裕的家庭。

老婦人連忙叫人準備酒菜，才一會兒工夫，酒菜便端上來，不是山珍就是海味。張仙走了一天路，肚子早就餓得咕咕叫了，也不管什麼禮節了，抓過金碗銀杯就狼吞虎咽起來。不一會兒，整桌酒菜就進了張仙的肚子。那老婦人一直坐在一旁笑瞇瞇地瞧著張仙。見他吃完飯，連忙命人撤下殘席，奉上茶來。

那老婦人突然關切地問張仙：「此地十分僻靜，不知客人為何黑夜到此？」張仙不好隱瞞，就將呂洞賓要他闖過『三難一欺』方能度他成仙的事告訴了老婦人。哪知那老婦人聽了竟然哈哈大笑起來，笑得張仙「丈二和尚摸不著頭腦」。

老婦人笑罷，才一本正經地說：「客人，你上當了，世上哪有什麼神仙，不過是個江湖術士騙子罷了，你想，如果他是真的神仙，就不會把你一個人孤零零丟在荒郊野外自己逃跑了。」

女主人見張仙一副半信半疑的模樣，又接著說：「何況，就算他是真神仙又怎麼樣，神仙又有什麼好的？整天躲在深山老林裡，孤孤單單的，怎比得上人間出雙入對來得快活；茅屋岩洞，怎比得過朱梁畫棟；草根野果，怎比得上山珍海味；總之，做神仙哪有人快活，我勸你還是死了做神仙的心思吧！」張仙聽了，覺得老婦人說得確實有些道理，但他想成仙想了這麼多年，要讓他放棄一時還難下決心。

老婦人見張仙沉默不語，又接著說：「實不相瞞，老婦有一事要與客官商量。老婦一家本在京城做官，後來告老還鄉，我喜歡清靜因而才遷居至此。我家雖不是豪門巨宅，但家中珍寶，卻也有百萬之數。如今，我年老體衰，最擔心的就是我那才十六歲的小女兒，只因她不喜歡什麼王侯公子，只想配一位善良誠實的郎君，至今仍然待字閨中。要是我有一個閃失，叫她孤零零一人在世上怎麼活啊！我今天見公子氣度非凡，人有忠厚老實，如果能夠捨棄做神仙的妄想，留下來真心實意愛護我的女兒，我就把她許配與你，這萬貫家業也遲早會交到你手裡，不知客人的意思怎樣？」

張仙聽了老婦人的話，心裡一動，心想：「世上真的有這種好事？如果我答應了老婦人的要求，從此嬌妻美眷，家財萬貫，無憂無慮，恩恩愛愛，豈不比做神仙還逍遙自在嗎？」

張仙雖然心裡軟下來，但嘴裡仍然說：「我求道多年，怎可半途而廢……」

老婦人聽張仙那口氣，早已明白三分，就又進一步說：

「客人求仙之心，實在令人佩服，老婦也不好勉強。要不這樣，我把女兒叫出來，讓你們見上一見，再做決定如何？」

說罷，就叫丫環去把小姐叫出來。不一會兒，那小姐蓮步輕移，從側門掀簾子進來了。老婦人叫她來向張仙問好，小姐施施然走上前去，道了個萬福，用夜鶯兒一樣甜美的聲音道：「公子好！」

張仙偷偷打量這小姐，不看倒好，一看之下，這張仙的魂兒都飛了，心裡想：「天底下真有這麼美的小姐嗎？別說娶她為妻，就是讓我每天能夠看上一眼，都是莫大的福分了。」

張仙正在那裡胡思亂想，老婦人突然問道：

「公子，你看過小女，意下如何？」

張仙猛然驚醒，心裡是一百個願意，不過嘴裡卻不敢說出來，只是低聲說道：

「只怕小姐看不上我。」

這不明擺著答應了嗎?老婦人呵呵一笑，轉頭問女兒道:

「我兒，妳瞧過這位公子，心意如何?」

小姐掩面低聲說:「任憑母親做主。」

老婦人開懷大笑，笑罷大聲宣布:「我做主，你二人結為夫妻，今晚完婚，望你們相親相親，白頭到老。」

說罷吩咐家人準備婚禮大典，布置洞房。

不一會兒，一切準備妥當，張仙與小姐拜過天地，喝完交杯酒，就被老婦人親自送入了洞房。老婦人輕聲囑咐了女兒幾句，就退出洞房，拉上了房門。

老婦人剛走，那張仙便迫不及待地拉住小姐的手，催促小姐共度良宵。什麼神仙啊、呂洞賓啊，「三難一欺」啊，全都拋到了九霄雲外。

張仙急得不得了，但小姐卻笑瞇瞇地對他說:「別急嘛，我們這兒有個鄉俗，夫妻共枕前，丈夫必須在床上翻個筋斗，表示對妻子一心一意，絕無二心。」

張仙聽了，呵呵一笑說:「這有什麼難的?莫說一個，就是一百個都行。」說完，張仙就在床上翻起筋斗來。

誰知一個筋斗過去，眼前的景象全都變了，洞房沒有了，小姐也不見了蹤影。再瞧瞧身下，原來還是他日日擺渡的那艘渡船，再朝四周望去，河上仍舊大雪紛飛，寒風呼嘯，哪有什麼無憂無慮溫柔鄉，仍舊是天寒地凍受苦地。張仙正不知就裡，只見船篷頂上有幾行大字，寫的是：

欲做神仙駕渡船，「三難」戰勝幾「欺」前。
神仙本是凡人做，只怪凡人志不堅。

呂洞賓

張仙看了，一切都明白了，原來剛才那場洞房花燭夢就是呂洞賓說的「一欺」，看來神仙是做不成了。這時候，河對岸又有人喊渡，張仙猛然想起呂洞賓要他繼續修行的話，連忙又拿起竹篙，繼續擺起渡船來。據說，張仙又擺船數載，至誠之心終於感動上天，在呂洞賓的再次點化下，終於成了神仙。

腰繫寶葫蘆，手拄鐵枴，痛快灑脫的——鐵枴李

傳說中的李鐵枴是個跛腳道人，
全靠著手中的枴杖走路，其實鐵枴李本來並不瘸，
還是一個小官吏呢！
那為什麼成仙後的鐵枴李反而變成瘸腿了呢？
這其中包含著一個離奇的故事。

借屍還魂

成仙之前的鐵枴李並不姓「李」，而是姓「岳」，單名一個「壽」字，是河南鄭州府掌握刑獄的小官。岳壽為官清廉，克己奉公，斷案無數卻都量刑合理，沒出過什麼差錯，只有一件案子，因為牽涉到朝廷大員，官職卑微的他不得不違心地製造了一起冤案，將一白姓老漢無故長期關押。為此，岳壽常常受到良心的譴責。

這一天，走馬巡察使韓魏公來到鄭州。韓魏公是奉了皇上聖旨，到全國各地巡察，他手中有御賜的尚方寶劍，可以先斬後奏。韓魏公一生剛正不阿，一路除奸去暴，扶弱摧強，令貪官污吏聞風喪膽。

韓魏公一到鄭州，就命人搬來刑獄案卷，細細審查。也不知為什麼那麼巧，這韓魏公一伸手就拿到了白老漢的案卷。他展開案卷細細審閱，發現此案明顯證據不實，卻又無理地將白老漢長期關押，純屬冤案。韓魏公一向嫉惡如仇，一路上遇到不少惡吏，存了先入為主之心，也沒有細細查探，就將岳壽定為惡吏，決定第二天嚴加懲罰。

消息傳到岳府，岳壽聽了，想到自己一世清名就這樣毀了，一時之間覺得兩眼發黑、頭昏目眩，一頭栽倒在地，便再也起不來了。

再說韓魏公，他審閱完白老漢的案卷，生了一會兒見氣就又接著看別的文卷，卻發現別的案卷均量刑合理，沒有半分差錯，韓魏公才省悟過來，原來岳壽是個廉潔奉公的能吏，看來白老漢一案另有蹊蹺，不禁暗自慶幸自己差點冤枉了好人。但他哪裡知道，岳壽聽說他查閱完白老漢一案便勃然大怒，還以為東窗事發，急火攻心，昏過去不到一個時辰就咽了氣。

岳壽的妻子李氏和兒子痛哭了半晌，見事已至此，只好買來棺材，造好墳墓，準備埋葬岳壽。岳壽死後，魂魄被一個小鬼抓住，套上枷鎖，拖到了閻羅殿上。

陰司閻羅王、鄭判官和牛頭馬面立即開堂，審判岳壽。

閻羅王厲聲問道：「岳壽，你在人間掌管刑獄，把持衙門，瞞心昧己，扭曲事理，造孽極多，你可知罪？」

也不等岳壽回答，閻羅王就將驚堂木一拍，命令道：「動刑！」牛頭馬面把岳壽架到油鍋邊，把一枚銅錢扔進滾燙的油鍋裡，叫岳壽用手把銅錢取出來，岳壽並不害怕，心想：我一生為官清正，身正不怕影歪，我倒要看看我能不能經受住考驗。他伸手就要去取錢，就聽到有人叫了一聲：「岳壽，且慢動手！」只見一背劍道人闖進閻羅殿來，攔住他說道：「名利、酒色財氣，不過是過眼雲煙，岳壽，你到現在還沒有醒悟嗎？」

岳壽見道人瀟灑飄逸，竟能隨意出入陰曹地府，知他絕非凡人，連忙跪倒道：「師父，救小人一命吧！」

呂洞賓道：「只要你是真心悔悟，油鍋雖熱，卻也難以傷害你的身體。正所謂苦海無邊，回頭是岸，岳壽，你醒悟了嗎？」

岳壽道：「小人省悟了，小人願隨師父出家，從此淡薄名利，遠離塵世。」

那道人不是別人，正是呂洞賓。有一天，他從岳府經過，望見一道紫氣衝雲而出，他便知道，這岳壽必有仙氣，於是專程趕來渡他成仙。呂洞賓見岳壽已經省悟，忙叫小鬼放下他，馬上又去拜見閻羅王。

寒暄過後，呂洞賓問岳壽犯了什麼罪，閻羅王照實告訴了呂洞賓。呂洞賓聽罷，請求閻羅王說：「上天有好生之德，看在貧道的薄面上，就免了岳壽的罪，給貧道做個徒弟，放他回陽間去吧！」

閻王一聽，哪敢說半個不字，於是，他翻開生死簿查看，突然大叫道：「不好！岳壽的妻子已經把他的屍體焚化，不能還魂了！」

呂洞賓一聽大吃一驚，忙問閻王：「這該如何是好？」

閻王沉思半晌後說：「岳壽的屍身已焚化，要想原身還魂已經不可能了，鄭州奉寧郡老李屠的兒子小李屠死了才三個時辰，熱氣還未斷，就讓岳壽借他的屍還魂吧！」呂洞賓一聽，也沒別的辦法，只好照辦了。

於是，呂洞賓把岳壽叫過來，嘆了口氣說：「岳壽呀，我本想救你回陽間，誰知你妻子已經將你的屍體焚毀，不可能魂回原體了。現在，我只能讓你借屍還魂，身體用李屠的，魂還是你岳壽的。從此以後，你就叫「李岳」吧！道號鐵枴。」

岳壽雖然有一百個不願意，但事已至此，再也沒有挽回的餘地，他只好同意了。於是，呂洞賓帶著岳壽的魂魄飄飄忽忽來到李屠家上空。岳壽猶猶豫豫，半天不願去還魂，只見呂洞賓把道袖一甩，岳壽的魂魄一失足就從空中跌了下去，附到小李屠的屍體上。

李屠一家正撫屍痛哭，忽然見小李屠又活過來了，全家老少十分高興。岳壽雖然身體是小李屠的，但魂魄卻是岳壽的，他一醒過來，就想起了自己的妻兒，忙問：「我的賢妻和兒子在什麼地方？」

老李屠指著面前一婦女和一兒童說道：「我兒，這不是你媳婦和兒子嗎？」岳壽這才醒悟，自己是借李屠的屍體還魂的，於是，他就向李家支吾說：「我三魂只還了兩魂，還有一魂，我得去找來。」

其實，岳壽是想去看岳家的妻子和兒子。他起身抬腿就走，沒想到摔了一跤，原來，這小李屠是個瘸子。李家妻子忙拿來枴杖遞給他拄著。鐵枴李岳只好接過枴杖，一瘸一枴地朝岳府而去。

李岳到了岳家，把借屍還魂前前後後發生的事情告訴了岳家人，全家人無不痛哭。沒想到，李屠的妻子不放心，也跟到了岳家。她氣呼呼地闖進岳家，向岳家妻子要人：「他是我的丈夫，你為何留他在屋裡，不放他回家，不要臉！」

岳家妻子也不甘示弱：「他本是我家老爺，他認得家門自己回來了，你為什麼死纏著不放？」

於是，李家妻子和岳家妻子都要要回丈夫，為此爭論不休。周圍的鄰居頭一回遇到這種新鮮事，也只能乾瞪眼，根本插不上話。李岳見兩家妻子都是端莊賢慧，實在不忍心傷害任何一方，只好暗自嘆息，不敢言語。兩家爭論了半天，誰也不讓誰，只好到衙門裡找韓魏公判決。於是，兩家的妻子一前一後，被一堆看熱鬧的人簇擁到了衙門口。鐵枴李無法阻攔，也只好一瘸一枴跟著兩家妻子來到衙門。

這件千古難有的奇案，早就驚動了韓魏公。他聽到李家岳家妻子擊鼓喊叫就立即開堂坐定，把驚堂木一拍，喊道：「把喊冤的給我帶上來！」

不一會兒，衙役就把李岳兩家妻子連同鐵枴李一起帶上了大堂，跪下聽審。

李家妻子先說道：「青天大老爺，您可得為民婦作主啊！」

韓魏公問道：「你是什麼人？有什麼事？細細講來！」

李妻回道：「民婦是小李屠的妻子，我丈夫三天前突然死去，沒想到今天又活了過來。他起床後說他只回來了兩魂，還有一魂沒回來，得他親自去取回來。誰知道，他一走就走到這家人那裡去了。這家的大嫂說我丈夫是她的官人，不讓我帶他回家。青天大老爺，您要為我作主，讓我的官人跟我回家吧！」

岳妻也哭告道：「大老爺可憐民婦吧！他雖然身體是李家的，但他的魂可是我丈夫岳壽的魂啊！」

鐵枴李雖然愛自己的妻子，但見李屠的妻子也有幾分姿色，竟有些心動，但卻不知韓魏公將如何判決。他正在那裡胡思亂想，韓魏公指著鐵枴李問道：「你到底是誰家的人？」

鐵枴李不敢隱瞞，只得據實以告：「我本是岳壽，借小李屠的屍體還魂的。」

韓魏公又問：「既是岳一壽，你就說說當初你是怎麼死的？」

李岳大略地將經過講了一遍，韓魏公聽完後大吃一驚，沒想到岳壽死後竟然還能夠借屍還魂。這件案子著實讓韓魏公為難，他自問一生斷案無數，無一不判得清清楚楚，但這借屍還魂的事還是頭一回遇到。如果判給了李家，岳壽的魂兒不從；如果判給岳家，李屠家的軀體和眾人肯定不服，也不會相信這種奇事啊！這韓魏公倒也老道，心頭一動，計上心來，只見他一拍驚堂木，大喝一聲：「左右，與我安排下銅鍘，把李岳給我鍘成兩半，讓他一家一半！」

兩家人一聽此言，嚇得呆若木雞。李家妻子先哀求道：「青天大老爺，我官人雖說不跟我，可是一鍘就沒命了，萬萬鍘不得啊！」

岳妻也哀求道：「鍘了小李屠的身體，我官人的魂兒何處安身啊！」

當然，嚇得最厲害的還是李岳本人，鐵枴李見了韓魏公就有些膽怯，一看這次斷案又是這樣厲害，不由得暗自傷感：「我岳壽的命真是苦啊，好不容易找到一個跛腳的屍身還魂復活，沒想到仍然難逃一死，真是天滅我呀！」

韓魏公並不理會眾人的苦苦央求，仍然高聲喊道：「把李岳架到鍘前，準備開鍘！」左右衙役不敢怠慢，急忙抬來銅鍘，將鐵枴李架到鍘前就要開鍘。

就在這千鈞一髮之際，從遠處傳來一聲呼喊：「鍘下留人！」眾人回頭一看，一位道人正闖進公堂。鐵枴李一看，正是仙人呂洞賓來了，不覺心中一喜，知道救星來了。他連忙拜倒在地，口中高呼：「仙師快救我！」

呂洞賓不慌不忙地問道：「鐵枴李，你省悟了嗎？」

李岳連忙回答：「弟子早就省悟了！從今以後，弟子願拋開酒色財氣，跟隨仙師雲遊四方！」

呂洞賓見點化成功，就說：「徒弟，你就跟為師去吧！」

鐵柺李從地上爬起來，轉身想走，卻看見李岳兩家妻子淚眼汪汪，就走上去拜謝道：「岳家大嫂，你要照看好孩子；李家大嫂，你要好好奉養老人家，李岳已經決心出家，從此脫離凡塵，世間情欲與我再無牽掛。」

李岳又轉身向韓魏公拜謝道：「大人，我情願出家去了！」辭謝完眾人，李岳便跟著呂洞賓走出了公堂。韓魏公無奈，只得宣布退堂，李岳兩家妻子雖然心裡責怪，但事已至此，也只好無可奈何地各自回家去了。

鐵柺李跟著呂洞賓出了大堂，卻怎麼也走不快，原來，他因走得慌忙，而且也不習慣用柺杖，於是把柺杖忘在大堂上了。呂洞賓見他走起路來這麼艱難，也暗暗想著辦法。他抬頭四望，見旁邊有一座新墳，墓碑上寫著「岳公諱壽……」呂洞賓見墳頭前插著一根柳枝亡幡竿，就拔起來從半腰折斷，量了量，高度正合適。只見他到旁邊的小溪裡去喝了一口水，向棍子上一噴，再用手一抹，棍子一下子變得光滑如鐵，呂洞賓將棍子遞給他，鐵柺李接過柺棍拄著試了試，覺得十分得力，走起路來身輕神爽。從此，鐵柺李便拄著這根柺杖雲遊四方。

留杯蕩

黃山的山腳下，有一灣清水湖，人們都叫它「留杯蕩」。據說，這留杯蕩所在的地方原來是個小村子，後來小村子被水淹了才成了今天的留杯蕩，那這裡是怎麼被水淹的？「留杯蕩」又是怎麼得名的呢？這與八仙之一的鐵枴李有關。

很早以前，這個小村裡住著許多有錢的人家。這也難怪，因為每天到了冬天，北風呼呼一颳，天上便紛紛揚飄起雪花來了，你可別真以為那是雪花，其實是白白的麵粉，你說有這種天上掉餡餅的事，這村子裡的人能不富裕嗎？這一天，天上又開始落麵粉了。

鐵枴李在天上待得煩了，決定到人間來走走，體察民情。他變成一個叫化子的模樣，拖著一隻化血流膿的爛腳丫，拄著一根討飯棍，腰裡繫了個破嘴葫蘆，就一瘸一跛地進了村子。

鐵枴李走著走著，見前面有戶人家，深宅大院、朱漆大門，知道是一戶有錢人家，就走上前去敲了敲門環。敲了老半天，門「吱呀」開了一道縫，從門縫伸出一個女人的頭來，應該是這院子的女主人。

那女人將鐵楞李上下打量了一下，見是個窮要飯的，身上又髒又臭，爛腳丫又是膿又是血的，令人作嘔，便喝斥道：「該死的臭叫化子，誰有飯給你吃？走開！走開！別弄髒了我門口這地方！」

鐵楞李裝出很可憐的樣子說：

「主人家，你看，這老天爺給你們下了這麼多麵粉，給我一口吃的，難道就把你們這有錢人家吃窮了嗎？妳行行好，賞我幾口飯吃吧！」

女主人見鐵楞李死賴著不走，就把眼一瞪，惡狠狠地罵道：「真討厭！瞧你一身髒兮兮的樣子，給你吃，還不如把麵餅給我兒子墊屁股呢！」

說著，真的從屋裡拿出臉盆那麼大個麵餅，讓她兒子坐在屁股底下玩耍。

鐵楞李舔了舔嘴唇，裝著很餓的樣子又央求女主人道：

「主人家，我實在是餓得不行了，你看，能不能把你兒子屁股底下那張麵餅給我吃，反正已經弄髒了，你們也不吃……」

鐵枴李話還沒說完，那女人已然連聲罵道：「臭叫化子，跟你說沒有就是沒有，快滾！要是我家官人回來，看到你這髒兮兮的叫化子在這兒，非打死你不可！快滾！」

那女人罵完了，見鐵枴李仍沒有要走的意思，就放出她家看門的大狼狗來咬鐵枴李。

此時，鐵枴李忍無可忍，就從懷裡掏出一個酒杯，往地上一摔，地面上馬上陷下一個坑，酒杯的碎片四處飛濺，那狗也嚇得落荒而逃。鐵枴李氣憤地離開了這個大院，他又繼續往村裡走，心想：「別的人家未必像這家人這樣凶惡。」於是，他又到另外幾家去要飯，誰知道也和第一家得到同樣的待遇，不是挨罵就是遭打，連續走了大半個村子也沒要到一口飯吃。鐵枴李真是失望極了，他心想：「老天爺年年給你們下麵粉，讓你們過好日子，就是希望你們能夠幫助窮困的人，沒想到你們都這樣為富不仁、個個心如蛇蠍，看來，得給你們點顏色看看！」

鐵枴李對討到飯吃已不抱任何希望了，他生著悶氣繼續趕路，突然間，北風呼嘯，刺骨的寒風颳在人臉上如刀割般的疼痛，鐵枴李見風大難行，就走到一家人的屋簷下去避避風頭。鐵枴李想起剛才所受的氣，不由得又氣又惱。

突然，他身後的門「吱」的一聲開了，鐵枴李轉身一看，一個小女孩端著一碗稀飯站在門口，她把飯碗往鐵枴李面前一送，用甜甜的聲音說道：「伯伯，這麼冷的天，看你站在外邊很可憐，你就把這碗飯吃了吧！」

原來，這戶人家是這個村子裡唯一的一戶窮苦人家，全家就一對老夫妻和一個小女兒三個人。當鐵拐李在屋簷下避風的時候，小女兒剛好出來看見了，她可憐鐵枴李，就趕忙跑進屋去告訴父母說：「我們門口有個要飯的，看他那樣子，可能很久都沒有吃東西了，都快餓倒了，得趕快給他點吃的才行。」

老夫妻聽了女兒的話，無可奈何地搖了搖頭說：

「可是我們也沒有多少吃的了，怎麼給他呀！」

女兒想了想說：「看他真的好可憐哦，我寧願餓一頓，就把我的這碗飯給他吃吧！」

老夫妻說不過女兒，就點點頭同意了。

於是，她就把她的那碗稀飯端出來給鐵枴李吃。小女兒見鐵枴李吃完，一邊收拾碗筷，一邊對鐵枴李說：「伯伯，這個村裡住的大都是有錢人家，你在這裡是討不到飯吃的，還是去別的村看看吧！」說完，轉身回屋裡去了。

鐵枴李看著這個小姑娘的背影，很是感動，他自言自語地說：「還是窮人有良心啊！」鐵枴李站起身來正打算繼續趕路，突然從門裡邊跑出來一隻小花狗，圍著鐵枴李東嗅嗅、西聞聞。鐵枴李覺得小狗蠻可愛的，就在牠頭上輕輕拍了三下，那花狗見討了別人的歡心，就得意地直搖尾巴，直晃腦袋。這時候，那小姑娘放好碗筷又出來了，見鐵枴李還沒走，就催促道：「伯伯，你還是快走吧！這村裡的有錢人最見不得窮苦人，要是讓他們看見了，他們會打死你的。」

鐵枴李忙說：「謝謝小姑娘提醒，我馬上就走。」鐵枴李頓了頓又對小姑娘說道：「好心的姑娘，我告訴妳一件事，妳可千萬要記牢。三天後，要是村頭那祠堂門口的一對石獅子的眼睛冒血，你們一家和這條小花狗，什麼也別管，趕快離開這裡，走得越遠越好。妳可千萬要記住了！」小姑娘眨了眨眼睛，點了點頭。

過了一會兒，她實在覺得奇怪，那石獅子的眼睛為什麼會冒血呢？她打算找剛才那討飯的伯伯問問清楚，可是一轉身四處尋找，那討飯的伯伯早就不見了。小姑娘心中暗想：那伯伯瘸著一條腿，沒想到走起路來挺快的，一眨眼間就連人影都看不到了。

小姑娘是個好心腸的女孩子，她記住鐵枴李的話，也十分想弄明白石獅子的眼睛為什麼會冒血。於是，她有事沒事就跑到祠堂門口對著石獅子的眼睛仔細看看，想看看那眼睛如何冒出血來。

不過連續兩天，那石獅子的眼睛都沒冒出血來，小姑娘當然也沒弄明白石獅子的眼睛為什麼會冒血。第三天一大早，小姑娘想起鐵枴李告訴她說今天石獅子的眼睛要冒出血來，就急忙趕到祠堂門口，目不轉睛地盯著石獅子的一對眼睛。這時候，村裡一名財主家正在祠堂門口殺豬，見小姑娘眼睛一眨不眨地盯著石獅子看，就走上前責問她：「妳在這兒看什麼？難道想把這兩隻石獅子偷去不成？窮鬼！」

小姑娘平時就十分害怕這些有錢人，這時又見他怒目圓睜，更是恐懼，於是戰戰兢兢地把鐵枴李告訴她的話一五一十地向他說了。沒想到，那財主和他旁邊的狗腿子聽了小姑娘的話後哈哈大笑，笑得前仰後合。小姑娘奇怪地看著他，她不知道她一本正經說出來的事情有什麼可笑之處。過了好半天，財主才止住笑，惡狠狠地對小姑娘說：「小窮鬼，一邊玩去，自從盤古開天地以來也沒聽說過石獅子的眼睛會出血，真是荒唐！」

小姑娘見沒人信自己的話，不由得急了，連說：

「真的，我說的是真的，那個討飯伯伯說石獅子的眼睛會冒血的。」

站在財主旁的一個狗腿子還想逗逗這小姑娘，連忙擠眉弄眼地對財主說：「老爺，要讓石獅子眼睛出血還不容易嗎？把豬血塗上去，石獅子的眼裡不就出血了嗎？」在場的人都得意地大笑起來，小姑娘這才明白原來他們是在戲弄自己，憋了一肚子氣，噘著嘴就回家了，她一時也把鐵柺李的話拋到了九霄雲外。

不一會兒，午時三刻就到了，突然，那條小花狗一邊汪汪叫著，一邊慌慌張張地衝進屋來。小姑娘還在生悶氣，就沒理睬牠。那小狗跑到小主人跟前，又是搖尾巴又是叫喚，但就是引不起小姑娘的注意。小花狗急了，叼起小姑娘一件漂亮衣服就往後山跑。小姑娘平時最喜歡這件衣服，見小花狗叼走了，連忙追出去，她見小狗把她的新衣服拖在地上往後山跑，急得哭了起來，邊哭還邊罵：「該死的畜生！你往哪裡跑？把我的衣服還給我。」老夫妻倆正在屋後幹活，突然看見女兒又哭又罵地往山上跑，也不知出了什麼事，也連忙氣喘吁吁地朝後山追去。

就在姑娘一家朝山上跑的時候，村裡最有錢的大財主和他的家人正坐轎回村來了。走到祠堂門口的時候，大財主看見那一對石獅子眼睛不知道為什麼變得血紅。大財主覺得十分奇怪，生怕是什麼壞兆頭，進村後就問這是怎麼回事。

殺豬的那家財主就對他說：「這是一個天大的笑話。三天前，我們村裡來了一個爛腳丫的窮叫化子，他臨走時告訴村頭那個窮丫頭，說是三天後要是見到祠堂門口的一對石獅子的眼睛出血，就叫他們一家還有她家那條小花狗趕快離開這裡。我看啊，一定是那窮叫化子嚇唬那小丫頭的。」

大財主聽了，有些心神不定，又問道：「我剛才經過祠堂門口，確實看到石獅子的眼睛變得血紅，那又是什麼原因呢？」

那個出主意的狗腿子連忙迎上前來得意洋洋地說：「那是我說了句笑話，專門嘲笑那個不懂事的窮丫頭的。我說，要是把豬血塗到石獅子的眼睛裡，那石獅的眼睛不就出血了嗎？可能是今天確實有哪一家殺豬，把豬血抹到石獅子眼裡去了。」

狗腿子這一番話，又引來一片嘲笑之聲，那大財主弄清了事情的原委，疑慮盡釋，也高興地直點頭。

大財主、小財主和他們的狗腿子們正在那裡嘲笑小姑娘的愚笨，忽然間，聽見轟隆一聲巨響，一時間天昏地暗，地動山搖，只見祠堂門口那一對石獅子的四隻眼睛突然像噴泉一樣噴出四股血水，嘩嘩地流個不停。村前小河裡的水也直往上漲，不一會兒就漫過堤岸，沖進了村子。最奇怪的是，鐵拐李原來摔碎酒杯留下的那個坑裡，股洪水不斷地往外湧。水可漲得很快，才一會兒，整個村子就被淹沒了，村裡那些黑心的大小財主和他們的老婆及為虎作倀的狗腿子，一個個鬼哭神嚎，像無頭蒼蠅一樣到處亂竄，但最後還是一個都沒跑掉，全都葬身在水底。

小姑娘一家由於被小花狗引到了山腰上，都平安無事。他們望著山腳下的一池清水，才知道原來是小花狗救了他們一命，當然他們也明白了那天那個討飯的叫化子一定是哪路神仙專門下凡來體察民情的。

後來，因為這一灣清水是從鐵枴李摔酒杯的坑裡冒出來的，於是就把這裡叫作「留杯蕩」。

巧戲漁霸

鐵枴李成仙之後，學得了一些仙術，便暗自下定決心，要利用自己的仙術來幫助老百姓，為他們造福。於是，鐵枴李整日裡四處雲遊，尋找為民造福的機會。

這一天，鐵拐李東遊西逛，一路風塵僕僕來到湘江岸邊。他見湘江岸上風景優美，不覺心曠神怡，想到自己趕了不少路，確實有些困乏，就決定停下來看看風景、養養神。於是，他搖身一變，化成一個雲遊的道人，沿著江岸悠閒地散著步。走著走著，突然傳來一片哭泣聲，鐵枴李舉目四望，只見不遠處一棵大柳樹下有許多窮苦的漁民正圍著一具屍體哭泣。

鐵枴李走上前去，打個稽首問道：「各位鄉親為何哭泣啊？」

一個年老的漁民擦了擦眼淚，對鐵枴李說道：「道長有所不知我們都是湘江岸邊的老百姓，世世代代以打魚為生，誰知最近出了個漁霸，不讓咱們在湘江上打魚了。要打也可以，但必須繳納重稅，繳納後我們所打的魚也就所剩無幾了，還怎麼維持生活呀！今天，這個老實的漁民看看實在沒有辦法生活下去，就在這大柳樹上吊死了！道長，你說說，這天下公理何在啊？老百姓還有什麼活路啊？」

鐵枴李聽了老人的話，十分氣憤，暗自下了除霸的決心。鐵枴李先在市集上買了一個小瓦罐，托在手上就朝熱鬧的市集走去。他在市集上邊走邊大聲乞討說：

「我有長生不老之方，如果有人能用錢投滿我的這個小瓷罐，我就傳給他！」

鐵枴李知道越愛錢的人越怕死，如果漁霸聽說能長生不老，他一定會心動的，這樣他就會落入圈套中。

果不其然，正坐在酒樓上花天酒地的漁霸總到鐵枴李的吆喝，忙放下酒碗，滿身酒氣衝下樓來，叫住鐵枴李問道：

「你說能使人長生不老，此話可當真？」

鐵枴李見漁霸上鉤，便笑著說：

「貧道雲遊天下，豈有半句戲言？你若不信，何必找我。」

漁霸一聽來了精神，他咧開大嘴笑著說：

「好！諒你這瘸腿道人也耍不出什麼花樣來，如果讓我發現你有半句假話，我就將你那條未瘸的腿也打斷！我要的就是長生不老，幾罐子銀錢我不在乎！」

於是，漁霸吩咐手下抬來幾口袋銀錢。漁霸解開一個袋子的繩子對鐵枴李說道：「你說話可得算話，我要投錢了，要是你到時不能兌現，可要小心你的狗頭！」

鐵拐李很坦然地笑了笑說：「那是當然，請開始吧！」

漁霸便從口袋裡抓起一把錢來一個一個地往罐裡扔。扔了好半天，小瓦罐也不見滿。漁霸懷疑地捧起小瓦罐，瞪圓了兩隻驢眼往裡瞧了半天，只見黑洞洞的罐子裡只有幾枚銀錢。漁霸急了，抓起大把大把的銀錢向罐裡猛裝，不一會兒，一口袋錢都裝進小瓦罐去了，仍然不見滿。漁霸又探頭瞧了瞧，只有小半罐子，他暗自吃驚，忙抱起罐子來東瞧瞧、西看看，小瓦罐確實只是個普通的小瓦罐，而且也是完好無缺的。他便有些灰心了，想伸手往罐裡去掏，但罐口太小，怎麼也伸不進去，搞了半天，漁霸只好喪氣地把小瓦罐塞給鐵枴李，怒氣沖沖地罵道：「算我今天倒楣，你贏了！」

鐵枴李忙打個稽首道：「多謝了！」然後，他突然翻過罐子來，嘩嘩地朝地上倒錢，並且一把一把地撒給旁邊瞧熱鬧的窮苦漁民。

這一舉動，心疼得漁霸眼珠子都紅了，幾乎要冒出血來。他咬咬牙，大聲喊道：「我還要填！」

鐵枴李停住了手說：「好！我就再讓你填一次，如果能填滿，我不僅給你長生不老之方，還加倍償還你的銀錢！」

漁霸見有翻本的機會，哪肯錯過，連忙道：「好！你等著，我今天非填滿這個小泥罐不可。」

漁霸不一會兒就推著一車銀子、元寶回來了。一時間，市集上銀光閃閃，把人們的眼睛都晃花了，漁霸傲氣十足地笑著說：

「我這車裡一共有白銀千兩，我不信你的泥罐裝得下去。」

鐵枴李笑著說：「那有何難?就是你這輛車都裝得下去，何況是錢。」

漁霸瞇著眼睛，瞧了瞧小瓦罐，又看了看滿車金銀，搖著頭說：「你撒謊！這個小泥罐能有多大肚子，哪能盛得下我這車銀錢?」

鐵枴李笑了笑說：「只要你有膽量，肯捨得這車銀錢，我保證把你的車裝進這罐子裡。」

這時候，四周已經圍滿了看熱鬧的人，漁霸為了在眾人面前保住面子，維護他的霸權，只好說道：「好吧！我就看看你有什麼本事能裝下我的車。」

只見鐵枴李把瓦罐側放在地上，罐口對準車子，約有三步之遙，對漁霸說道：「你敢連說三個『肯』嗎？」

漁霸拍拍肚子，大聲說：「這有什麼不敢的！」說完連喊了三聲「肯！肯！肯！」說也奇怪，第一個「肯」字一出口，車子就往前移動一步，當第三個肯字說完，那車子就像罐中有人拉著一樣，一下子滾入罐中去了。眾人只覺得眼前一閃，轉眼間，偌大一輛車消失得無影無蹤，都非常好奇，一個個伸長了脖子往罐內看看，但罐內黑洞洞的，什麼也看不見。

漁霸這下可急了，大吼道：「哪裡來的野道人？用什麼妖術來騙我的錢？夥計們，快把這妖道給我捉住，一同見官去！」

鐵枴李說道：「怎麼，你捨不得了？我拿出來還你就是。」說完，他用筆在紙上畫了一道符咒，燒後投入罐中，口中喝道：「出來！出來！」一眾人千百隻眼睛緊盯著罐口，誰知等了半天，並無半點動靜。鐵枴李搖了搖頭，嘆道：「沒想到我這罐子也貪財，待貧道進去取來還你。」話音未落，鐵枴李縱身往罐裡一跳就不見了蹤影。

漁霸還真以為鐵枴李去取錢來還他，沒想到等了半天，也不見鐵拐李出來，漁霸這才急了，撲到罐口大叫：「道人快出來！」叫了幾聲也不見罐內有什麼動靜。漁霸氣得拎起罐子往地上摔了個粉碎。大家往地上一瞧，除了碎瓦片並未見金銀珠寶，連那道人也不見了蹤跡。

漁霸氣炸了，大手一揮喊道：「快給我追！無論如何要把我的錢追回來！」眾打手只好像無頭蒼蠅一樣四處亂竄，找尋鐵枴李的行蹤。

漁霸來到湘江岸邊，只見那道士正向一群窮苦漁民分發他車上的金銀財寶呢！漁霸和打手見狀，一湧而上，不由分說，見人就打就捉。鐵枴李有仙術護身，幾十個人圍著他亂抓亂打，卻連他的衣角都沒沾到。但漁民就不行了，一會兒就被如狼似虎的打手們抓了十幾個，用繩子拴成一長串，等著被漁霸送到衙門去坐牢。

鐵枴李見此情景，就朝漁霸打了個道：

「貧道做的事由貧道一人來承當，不要連累了眾多漁民、百姓，你快把他們放了吧！再說，把他們送去坐牢對你有什麼好處呢？不如讓他們去為你修建大堤，豈不是更好。所有你投進罐中的車子、銀錢、元寶我都全數還你，這總行了吧！」

漁霸眼珠一轉，覺得這樣的確划算，便答應不送漁民們去坐牢了，而讓他們去修湘江大堤。鐵枴李念動真言，轉眼間，漁霸的一車銀錢元寶就出現在漁霸眼前。鐵枴李袍袖一甩，揚長而去，漁霸知道自己討不了什麼好處，倒也不敢放肆，只好垂頭喪氣推著車回家去了。

那些被抓的漁民還來不及通知自己的家人就被趕到大堤上幹活。他們頭頂著烈日，一鋤一鎬地修著湘江堤壩。當他們挖到三尺深的地方，突然覺得地上金光閃耀，原來地上是一塊塊的黃金。漁民們驚喜萬分，暗叫老天有眼，但他們並不聲張，只是偷偷地把這些金塊撿起來運回到自己的船上。

誰知這漁霸耳目眾多，他的一個狗腿子發現了這件事情，連忙去向他稟報。漁霸見有這種好事，哪肯放過，連忙帶著上百名打手來到堤壩上。漁霸往大堤下一瞧，差點連眼珠子都掉了下來，只見整條堤壩下面全都是金子，漁霸高興得又蹦又跳。他馬上命令修堤民工全部退走，有的漁民捨不得離開，也被打手們用皮鞭趕跑了。漁霸欣喜若狂，又命令他的手下馬上把金子給他刨出來。眾打手呼啦一下散開了，拿起鎬頭就刨起來，費了半天工夫，這群狗腿子累了個半死，總算把金塊都刨出來了。誰知道一交到漁霸跟前一看，原本是黃澄澄、亮閃閃的金塊，轉眼間成了一塊塊黑不溜丟的大青石頭。漁霸一看，頓時傻了眼，只好洩氣地揮了揮手示意手下們回去。

這時，只聽身後傳來一陣得意的哈哈大笑，漁霸回頭一看，不是別人，正是那個瘸腿的雲遊道人。這漁霸倒也不蠢，經過這麼多事，也明白了鐵枴李不是普通人物。只見他裝出一副笑臉施禮道：「道長在上，剛才多有冒犯，純屬一場誤會，還請道長原諒小的無禮！」

鐵枴李只是冷冷地回答：「不敢！不敢！」

漁霸皮笑肉不笑地繼續說道：「道長如不嫌棄，不如到寒舍住上幾日，小可願拜道長為師，終生奉養，也免了道長終日奔波之苦。」

鐵枴李問：「你要拜我為師？我又瘸又笨的，能教你什麼東西？」

漁霸見鐵枴李口氣鬆動了許多，趕忙打鐵趁熱，說道：「小的可願向道長求教點石成金的仙術。」

鐵枴李鄙視地瞧了瞧漁霸，嘲諷地說道：「你不是已經喝飽了漁民的血汗嗎？現在家中已存了不少銀錢了吧？」

漁霸對鐵枴李的嘲諷倒也不在意，仍然嘻皮笑臉地說：「不瞞師父，我家雖然家財萬貫，可是這錢財多了還怕燙手不成？」

鐵枴李不由得長嘆一聲說道：「真是人欲無邊啊！人們常說，人心不足蛇吞象，今日一見，這話果然不假。這點石成金之術是我的看家本領，怎能隨便傳給俗人，不過，看你這麼虔誠，我就露一手給你看看吧！你想要我點化哪塊石頭呢！」

漁霸見鐵枴李不傳那點石成金之術給他，卻也無可奈何，心想：「也罷！只要你給我點化一樣東西，讓我今生今世也用不完就行了。」他轉著眼珠子東瞧瞧、西看看，比較了半天，終於打定主意。他跪著向鐵枴李叩了幾個響頭，央求說：「仙師，我看這些石頭都太小了，您就給我點化一艘大金船吧！」

鐵枴李哈哈一笑，倒不推辭，只見他口中念念有詞，用手畫了個十字，用鐵枴指指天、指指地，又指了指江中的一艘大木船，大叫一聲：「變！」說也奇怪，那艘木船頃刻之間化成了一艘純金打造的金船。

漁霸見木船果然變成了金船，一邊連聲道謝，一邊手舞足蹈地衝上船去東摸摸、西看看。最後確定確實是純金之後，連忙令家丁快把金船開回家去。

鐵枴李輕輕拍了拍雙手，對漁霸說：「你的要求我都做到了，我也該走了。」說完抬腿就要走。

誰知漁霸一把拉住鐵枴李的衣袖叫道：「師父慢走！」

鐵拐李道：「還有何事？我已說過了，我這仙術絕對不外傳的。」

漁霸陪著笑臉說道：「小的也不敢奢望能得仙師傳授仙術，只是我瞧仙師那隻食指很靈，求仙師一道借給我吧！」

鐵枴李一聽這話，差點氣暈過去，真恨不得一巴掌把這傢伙打到湘江裡去餵魚，但他還是強忍怒火，說道：「好吧！幫忙幫到底，我就把這隻手指送與你吧！只是你我身上都沒帶切割之物，怎麼取得下來呢？」

漁霸嘿嘿陪笑道：「仙師身邊不是有鐵枴嗎？請借我一用，我自有辦法取下仙師手指。」

鐵枴李嘆息一聲，並不多說，把鐵枴遞給了漁霸。漁霸又叫鐵枴李把左手食指放在一口水井的井沿上，鐵枴李都一一照辦。

鐵枴李剛把手指放好，漁霸眼中凶光一閃，突然舉起鐵枴朝鐵枴李的左手食指猛地砸去。就聽到「嚓」一聲，一時之間血水四濺，鐵枴李猝不及防，痛得臉色發白。鐵枴李那截血淋淋的斷指一下子迸出兩丈多遠去。漁霸喜出望外，也不管鐵拐李死活，搖下鐵枴就撲過去撿那截斷指。誰料到，那斷指忽然自己飛了起來，猶如一支利箭般直逼漁霸而去。漁霸一下子慌了手腳，也不管背後是什麼地方就猛往後躲閃，只聽得「啊」的一聲慘叫，那漁霸一下子栽進了那口老井裡，不一會兒就嗚呼哀哉了。

百姓們見漁霸死了，無不拍手稱快。鐵拐李撿起鐵枴，口中念念有詞，那斷指立刻復了原位。鐵拐李將金船上的金銀分給了百姓後便駕雲而去。

倒騎毛驢，揮著金鞭，閒適清朗的——張果老

千百年來，傳說中的張果老總是倒騎著毛驢，

為什麼他要這樣騎驢呢？

這還得說說他成仙的事兒。

偷吃成仙

張果老本是窮苦人出身，家裡並無親人，孤零零一個人。幸好他還有一頭毛驢，於是，他便靠著趕驢馱腳幫人運貨維持生計。每天風裡來雨裡去，晴天一身汗，雨天一身泥，日子過得十分艱難。

這一天，張果老趕著小毛驢一大早就上路了，根本間時吃早飯。餓著肚子趕了一上午的路，正午時分，他來到一座破廟前。這座破廟是一座荒坡野廟，年久失修，一副殘破的景象。廟內早已沒了和尚，平時也沒人拜訪，只剩下兩間破瓦房還能遮風擋雨。往常，張果老每路過這裡，總要到瓦房裡歇歇腳，吃上幾口乾饃當午飯，再睡一會兒覺，倒也是痛快。這一天，張果老卻不能這麼輕鬆了。他摸了摸乾糧袋，只剩下早上捨不得吃的那一塊大餅了，如果現在把這塊大餅拿出來吃倒也舒心，可是晚上就得餓肚子了，長夜漫漫，餓著肚子不好熬啊，而且還影響第二天幹活，張果老只好打破常規，他咬咬牙，把褲腰帶又勒緊了一點，對著自己的驢子就是一個響鞭，趕著牠繼續上路，等到他貨物送到了再三頓作一頓吃算了。

張果老剛要邁步，突然颳來一陣清風，風裡夾雜著一股奇異的香味。對於一個饑腸轆轆的人來說，這種香味無疑是極大的誘惑。張果老不由自主地喝住了毛驢，停下了腳步。張果老將小毛驢拴在廟前的一棵小樹上，推開虛掩的門走了進去。

進門一看，張果老不由得吃了一驚。一向無人的破廟裡，竟然架起了一口大鍋，木柴正劈哩啪啦燒得火紅，鍋裡煙騰火燎地冒著一陣陣大氣，張果老猛吸了幾口，香味撲鼻，令人饞涎欲滴。張果老感到十分奇怪，不知是什麼人在作飯。唉，管他呢，看看鍋裡煮的是什麼再說。張果老迫不及待地撲到鍋邊，掀起鍋蓋仔細一瞧，鍋裡滿滿的燉了一鍋肥肉，看那火候，肉已經煮得滾爛了，鍋還剛一打開，那滿鍋的香氣直朝人鼻子裡竄，就是大羅神仙可能也忍不住會嘗上兩口。

張果老心裡尋思：「是誰有肉不在家裡煮，偏要拿到這人跡罕至的破廟裡來煮呢？」張果老越想越覺得不可思議，他四下瞧瞧，又出門到處觀望，確實沒人。張果老心想：「難道上天知道我沒吃東西，饑餓難擋，專門準備這鍋肉來慰勞我？」張果老心想至此，也不管三七二十一，掀開鍋蓋，拿起身邊的水壺舀了一點湯嘗了嘗，味道出奇的鮮美，張果老再也經不住這種誘惑了，他也不管鍋裡到底煮的是什麼肉，反正填飽肚子要緊，於是從門外的小樹上折了根樹枝當筷子，就狼吞虎咽了起來。

這鍋肉真的是上天恩賜給張果老的嗎？倒不盡然。原來，離這座廟不遠處，有一座學館，裡面的教書先生是一個性情孤僻古怪的窮秀才，他平生沒有別的嗜好，只是一心修身養性，以求開天成仙。一天傍晚，窮秀才正在攻讀《大道黃庭經》，只見在矇朧的月色中，有一個紅東西一閃就不見了。他一時好奇就追趕不捨，一直追到森林深處，只見遍地紅果子，卻沒有什麼東西。

第二天夜裡，他又悄悄地溜到樹林裡，只見一個穿著紅肚兜的小孩在那裡玩耍，窮秀才覺得十分奇怪，心想：「此處偏僻，附近又無人家，難道是什麼東西成了精不成？」窮秀才不由得大喜，又想：「我一生夢想成仙卻找不到機會，如果我能抓住這小孩吃了，必定成仙。」然而，這小孩十分乖巧，一聽有動靜，拔腿就跑得沒了蹤影。窮秀才沒辦法，只好垂頭喪氣地回到家裡。

說來也巧，第二天，一個學生跑來告訴他，說是在離學館不遠的一個大荒坡地裡，經常有一個穿紅肚兜的光屁股小孩出來玩耍，這小孩很矮，卻長得白白胖胖。學生們都感到十分奇怪，不知是誰家的孩子，整天在那裡玩也不回家。先生聽了這消息，不由得欣喜若狂，心想：「真是踏破鐵鞋無覓處，得來全不費工夫。這一定是一隻成了精的何首烏，聽人說，何首烏在地下生長千年後就會變成人形，出來到處走動，誰能吃到這種何首烏的肉，誰就可以超凡成仙。這可是一次升仙的好機會，我一定要抓住那個小孩。」

窮秀才思量了半天，終於想到了一個好辦法。他買來一個紅絲線和一根繡花針，把絲線的一頭穿在針上讓學生帶著，叫學生想辦法把針別到那個光屁股小孩的紅肚兜上。學生自然不敢不聽老師的話，就按他說的去做了。

那小孩也貪玩，遇到大人他害怕，但與學生們玩起來就放失去了警惕，那學生趁小孩沒注意就把針別到了他的紅肚兜上。於是，窮秀才就順著紅絲線一路找來，終於在破廟後的地裡找到這棵何首烏生長的地方。窮秀才趁著四處無人，就悄悄地把何首烏挖了起來，果然是一隻肥肥胖胖的何首烏。他本來想把何首烏賢帶回學堂，又怕學堂裡那些饞嘴的學生聞到氣味吵著分食，使他成不了仙。最後，窮秀才見這個破廟人跡罕至，不如就在這裡支個鍋，人不知、鬼不覺地吃了再回家。

沒想到煮著、煮著，柴不夠用了，窮秀才沒辦法，只得回家去拿刀砍柴。正砍得起勁，只見一個老媽媽氣喘吁吁地從山下跑來，一邊跑一邊喊他。原來她家大兒子發高燒，附近只有這窮秀才懂點醫術，於是她只好到處找窮秀才，請他去替兒子看病。那秀才得知此事，一時為難，何首烏湯眼看著就要煮熟了，喝了就可以得道成仙，怎麼能現在離開呢？秀才違拗不過，只好答應了。他心想：「反正那破廟也沒人去，耽擱一會兒應該沒事。」於是，他就去老媽家看病去了。誰知那兒子病得還挺嚴重，一時半會兒還治不好，窮秀才折騰了半天，才把病人安頓下來，等他想起他的何首烏湯的時候，已過了好幾個時辰了。

就在窮秀才為人治病的時候，張果老恰巧從破廟經過，於是得以享用這鍋何首烏肉湯。那何首烏個大肉多，張果老吃得十分過癮，就覺得神清目朗，肉鬆骨輕，有乘風欲飛的感覺。張果老正吃得痛快，就聽見他的小毛驢在院裡又踢又叫，他這才想起自己的小毛驢還餓著肚子呢！於是，張果老連鍋帶湯一起端了出來，讓驢兒也飽餐了一頓。

張果老吃飽喝足了，打了個飽嗝，又裝上一袋菸草，坐在廟台前的樹蔭之下喜滋滋地抽著，就聽見遠處傳來一陣腳步聲，他抬頭一看，只見一個秀才模樣的人慌慌張張地朝這邊跑來。張果老作賊心虛，暗叫不好，一定是煮肉的人回來了，要是被他抓住可就麻煩了。他慌慌張張地彈了彈菸灰，把菸袋往腰裡一掖，解開驢緩繩，跳上了毛驢就跑，由於心慌，卻坐倒了毛驢。張果老也顧不得正過身子來了，揚起鞭子狠勁抽了毛驢兩鞭子，毛驢被打痛了，四蹄飛奔，飛快地跑起來。誰知在這緊追快跑之中，仙物生效，那驢兒因喝了仙湯，四蹄竟然離開了地面，騰雲駕霧地飛了起來。張果老倒騎在小毛驢上，只覺身輕如燕，越飛越遠，越飛越高，不一會兒，破廟和那個追來的人就不見了蹤影。

張果老在就這樣的機緣巧合下，不費吹灰之力成了仙，他倒騎毛驢的故事也就在人間廣為流傳了。

智勝張果老

八仙中的張果老因為年紀長，閱歷豐，懂得的事情多，常常自詡為天下最聰明的人，誰知道，這麼一個聰明人，卻被一個鄉下丫頭打敗了。

很久以前，李家莊住了一個老實的農民，叫尚耕。尚耕忠厚樸實，一天到晚的只知道埋頭幹活，不善與人交往，看起來有點傻乎乎的樣子。誰知道就這個傻小子，娶了個妻子卻是千嬌百媚、聰明伶俐，無論什麼事情都難不倒她。遠近村莊的人都誇她聰明，大家都叫她慧姑。

這一天，張果老閒來無事，就出來活動、活動，路過李家莊時，聽說這裡有個聰明能幹的媳婦，什麼事情都難不倒她。張果老聽了很不服氣，心想：「這天下，我是第一聰明人，誰還能超過我，我倒要見識、見識。」於是，張果老一拍驢屁股進了村子，要試一試慧姑的聰明才智。

這時候是四月天氣，正是插秧的時候，尚耕正在田裡彎著腰插秧，慧姑則回家做飯去了。張果老倒騎著驢兒來到田邊，就和尚耕閒話家常起來。張果老也是窮人家出身，對田裡的農事也熟悉，兩人談得很投機。閒聊了一陣，張果老見時機已到，就把話鋒一轉說：「兄弟，聽你的談吐，似乎對莊稼活樣樣在行，你插秧插得這麼麻利，但不知道一天能夠插幾千幾百幾十棵秧苗呢？」

尚耕平日裡只顧埋頭插秧，哪裡數過到底插了多少棵秧苗，被張果老這突如其來的一問給搞昏頭了，半天回答不出。張果老見難住了尚耕，得意地說了聲：「改天再見。」就笑眯眯騎著驢子走了。

這尚耕一向對自己的莊稼活最為自負，自以為全莊沒有誰有他那麼熟悉莊稼活，誰知今天碰了個大釘子，憋了一肚子氣。到了中午，尚耕悶悶不樂地回到家裡，一屁股坐在凳子上直發愣。慧姑見了就問他發什麼呆，尚耕就將上午遇到張果老的事情原原本本跟慧姑說了。慧姑一聽，忍不住「噗嗤」一笑，戳了戳尚耕的額頭說：「你真是傻呀，這算什麼農活上的事？那老漢是存心刁難你呢？下次見到他，你就問問他，他的驢蹄了著地，每天能著幾千幾百幾十次？」尚耕記下了妻子的話，高高興興地吃飯了。

到了第二天，張果老又得意洋洋地來到田邊，笑著問道：「兄弟，你插了多少棵秧苗數過沒有啊？」

尚耕就對張果老說道：「我沒數過，不過，我媳婦想問問你，你的驢蹄子著地，每天能著幾千幾百幾十次？」

張果老平日騎著驢只知道悠閒地哼小調，哪裡有功夫去數驢蹄著地多少次，一時之間也啞口無言。張果老扳起指頭盤算了半天，仍然數不清驢蹄著地的次數，只得認輸。這張果老轉念一想，看這尚耕傻乎乎的樣子，絕不會想出這麼聰明的問題，這慧姑果然名不虛傳，確實不容易對付。

張果老撫了半天鬍子，突然靈光一閃，叫聲：「有了！」就對尚耕說：「兄弟，沒想到你有這麼聰明的媳婦，我倒想見見。如果你答應的話，就請你的媳婦準備好『十』桌『九』菜，明天中午我就登門拜訪。」

尚耕是個好客之人，見張果老有意拜訪，不好拒絕，就答應了。但等張果老走後靜下心來細細一想，才覺得這事可沒那麼簡單，心說：「雖說我家不富裕，但辦席的錢倒還拿得出來，但這『十桌九菜』如何置辦，真是難死人了。」尚耕心裡焦急，也沒心思幹活了，趕忙跑回家去將這事一五一十地告訴慧姑。

沒想到慧姑聽了，根本沒當回事，只是輕巧地說：「就這麼簡單？」

尚耕見慧姑不但不感到為難，還覺得簡單，急道：「還簡單呀，花大筆錢不說，就算菜買回來，哪做得出那麼多菜啊？」

慧姑笑了笑說：「哎，你就別操心了，我自有辦法。」

尚耕無奈地搖了搖頭，自顧自幹活去了。第二天一大早，尚耕拿出全部積蓄就要出門，慧姑叫住他道：「你要幹什麼呀？」

尚耕說：「買菜呀，不買菜，怎麼做十桌九菜？」

慧姑拉住他說：「不用買菜，你幹活去吧！我自有辦法。」

尚耕不知慧姑心裡怎麼想的，不過他一向聽媳婦的話，就老老實實放下錢，到田地裡幹活去了。不過，尚耕總是心神不寧，沒過一會兒就跑回家來看看，每次回來都只看到慧姑在紡車旁織布，並沒有忙著做菜。尚耕焦急，催了好幾次，慧姑總是那句話：「還早呢！」

眼看著就到中午了，尚耕見自家的煙囪裡還沒冒煙，這下可真是急了，扔了鋤頭就急匆匆地跑回家，見慧姑還穩穩地坐在紡車旁，一點起來的意思都沒有。尚耕一見，就衝著妻子嚷道：「妳怎麼還不做飯呢？雖然做不出十桌九菜，但這禮節還得要呀，等會兒客人來了，我們總不能讓人家喝涼水吧！」

慧姑見丈夫生氣了，才拍拍圍裙，斜瞪了他一眼，笑著說：「好好好！我這就去做菜，你去田地裡，割點韭菜回來，我把貓吃的碗刷一刷。」

尚耕得了吩咐，趕緊到田地裡去割了一大堆韭菜回來，慧姑一看，心裡暗道：「你真是個木魚腦袋，我就少吩咐了一句，你就割了這麼多韭菜，哪裡用得完呀！不過割都割回來了，就將就著做吧！」她又吩咐尚耕把院子裡那塊平面石頭搬到堂屋裡來。尚耕向來搞不懂慧姑在打什麼主意，他也就懶得去想了，照做就是。慧姑這才不慌不忙地走進廚房忙起來。

這時候，張果老騎著驢子趕到了，尚耕連忙迎出門去，笑著和張果老打招呼，又扶著他下鞍。張果老左腳踏蹬、右腳下鞍之際，突然問尚耕：「兄弟，你說我現在是想下驢呢？還是想上驢呢？」

尚耕剛想說：「不是下驢嗎？」但又轉念一想：這可沒那麼簡單，老大爺又在考我呢！我可得好好想想。尚耕仔細想了想，就覺得很難回答，你要說他下驢吧，他腿一抬就能上去，如果你要說他上驢，他順勢就能下來，無論如何他這次都是輸定了。尚耕正左右為難時屋裡的慧姑也迎了出來，只見她一腳站在門裡邊，一腳站在門外頭，對張果老說道：「請問老伯，你看我是要進門呢？還是要出門呢？」

張果老沒想到慧姑會以其人之道還諸其人之身，皺了半天眉頭，同樣回答不出來。張果老見一見面就遭受沉重打擊，只得尷尬地笑笑，趕忙轉換話題，想挽回點面子，就慧黠地笑著說：「大家都說嫂子聰慧，是個『萬事難不倒』，我想那十桌九菜應該早就好了吧！快端出來吧！」

說實話，張果老這一手還真夠高明了，他想：「如果妳做不出十桌九菜，那就說明妳沒本事，不夠聰明；假如妳真能做出十桌九菜，我就能大吃一頓，反正說來說去，我都不吃虧。」正是想到這些，張果老才那麼著急要慧姑把十桌九菜端上來。

尚耕一聽此言，頓時洩了氣，就想認輸，誰知旁邊慧姑先笑著搭話說：「老伯遠道而來，我們做小輩的雖然沒有什麼佳肴美酒，但這十桌九菜已經按你的意思準備好了，就請進屋品嘗吧！」

聽完慧姑在這麼短的時間內怎麼能做出十桌九菜呢？難道有鬼神相助？那張果老驚的是沒想到慧姑真有那麼大本事，真的做出了十桌九菜，那自己不就又輸了嗎？自從成仙以後，好久沒有嘗過人間的佳肴美味了，總算可以大飽口福了。

等眾人進得屋來一看，尚耕和張果老一下子傻了眼，屋裡哪有什麼十桌九菜，只不過是在一塊平面石頭上放著滿滿一碗韭菜。尚耕心想：「完了！這下臉可丟大了！」

張果老先是一驚，後來轉念一想，不由得哈哈大笑。他贊許地點了點頭，對著慧姑微施一禮道：「大嫂聰慧絕頂，小老兒甘拜下風！」

站在一旁的尚耕直發愣，不知他們在搞什麼鬼。他奇怪地問張果老：「老伯為何如此，家妻並未做出什麼十桌九菜，該是我們認輸才對呀！」

張果老拍了拍尚耕的肩頭，笑著說道：「你這傻小子，不知前世修了什麼福氣，能娶到慧姑這樣的妻子。你看，我讓你們做十桌九菜，這裡不是石桌韭菜嗎？」邊說邊拍拍那塊平面石頭，又指了指那碗韭菜。

尚耕這才恍然大悟，原來慧姑利用「十桌九菜」和「石桌韭菜」諧音的關係，把一件幾乎是不可能完成的事情變得輕而易舉地就做好了。

張果老從身邊取出一包東西，對慧姑說：「俗話說，耳聽為虛，眼見為實。原來聽人說妳聰明絕頂，老夫還十分的不服氣，因此三番兩次為難你們，還請原諒。今日一見，老夫甘拜下風，上門打攪，沒有帶什麼禮物，只好以此物相贈，妳可一日三用，請妥為保存。」說著便將一包東西遞給慧姑，告辭出門，倒騎驢兒，揚長而去，跑著跑著，只見那驢兒四腳騰空，向天上飛去，夫妻倆這才明白，他就是八仙中倒騎驢兒的張果老。

慧姑回身進屋，把張果老給她的東西打開一看，見是一件圍裙，從表面上看，倒也稀鬆平常。慧姑想起張果老叫她「一日三用」的話，就穿上到廚房裡試了試，說也奇怪，穿著這件圍裙做飯，無論怎樣也不會弄髒衣裳，夫妻倆才知道這是一件寶貝，自然倍加珍惜。

斜把蓮花，面帶微笑，妖嬈嫵媚的——何仙姑

傳說中的何仙姑長得娟秀，心地也十分善良，常常幫助別人，人們都說她是天仙下凡。尤其是她那一手剪紙的絕藝，無人可比，特別是她剪出的動物，活脫脫跟真的一樣，拿在手裡不敢放手，真怕它一落地就會跑起來！

三姑升仙

傳說在很久以前，淮河岸邊有個小縣城，城裡有個專賣麵食的飯店，飯店老闆姓章名得利，娶妻王氏，兩人年過半百卻沒有生得一男半女。這兩口子是十足的守財奴，捨不得花錢雇人，店內和家中的一切繁雜瑣事全都壓在一個年僅十二歲的小丫頭肩上。

這小丫頭姓何，因在家中排行第三，大家都叫她何三姑。何三姑原來家中共有五口人，以種田為生，雖然生活艱辛，但一家人在一起倒也快快樂樂。誰知天有不測風雲，就在三姑十歲那年，淮河大水，淹沒了大片的田地和村莊。三姑的家也被大水沖平了，一家人無家可歸，流離失所；誰知禍不單行，洪水剛剛退去，一場大瘟疫又席捲而來，父親和兩個姐姐沒能躲過這場災難，只剩下母女倆相依為命。為了葬夫埋女，母親無奈，只好忍痛將何三姑賣給了章得利一家。第二年，何三姑的母親也在憂鬱中死去，何三姑從此失去了依靠，只能在章家痛苦度日。章得利夫婦買何三姑來就是為了使喚的，因此，他們把她當成牛馬一般，每天起五更睡半夜，推磨、劈柴、作飯、餵豬、端茶、送水、抹桌、掃地，什麼活兒都得幹，而且稍不如意，就會招來一頓毒打。

何三姑就在這種環境下熬過了五年，漸漸由小女孩長成了大姑娘。正所謂「女大十八變，越變越好看」，何三姑已經十五、六歲了，容貌出落得天仙一樣美麗。她每天總是熱情地招待著南來北往的顧客，店裡生意十分興隆。如果遇到逃荒乞討的窮人，她還常背著主人施捨些飯菜給他們，為此，她沒少挨章家兩口子的打罵。

三月二十八日是這個小縣城一年一度的廟會，這一天，四面八方做生意、跑江湖的、演大戲、玩雜耍的都會聚集到這裡。碼頭上船來船往，縣城裡人山人海，好不熱鬧。章得利一心惦記著到市場上去買一點便宜貨，並去看看戲班子新來的名角兒，就向坐在櫃台內的王氏打了個招呼，急匆匆走了。這王氏本是個好吃懶惰之人，見老頭子出門，就安排何三姑招呼生意，自己回內房睡大覺去了。

過了一會兒，隨著一陣清風，從店外走進來七位客人：第一位是個白鬚長者，手中搖著一把破扇子；第二位是個乾瘦老頭，身後還跟著一頭小毛驢；第三位是個小夥子，手裡提著一個花籃；第四位是個瘸腿老漢，身後還揹了個大葫蘆；第五個是位中年漢子，手裡拿著一副雲陽板；第六個是位黑鬚老頭，身背一口寶劍；第七個是位書生模樣的年輕人，手拿一支橫笛。看樣子，他們像是一夥江湖賣藝的。何三姑連忙上前去招呼，只見那白鬚老者深施一禮道：

「小姑娘，我們幾個是來趕廟會的江湖藝人，誰知途中遇到了強盜，把我們的錢財全都搶走了。從昨晚到現在，我們已經趕了八十多里的路，粒米未進，現在我們實在餓得不行了，妳就行行好，隨便給我們點吃的填填肚子吧！」

何三姑本就心地善良，看這些人個個衣衫破爛，說得又是如此可憐，不由得動了惻隱之心。正好老闆出了門，老闆娘又不在，何三姑趕忙從鍋裡盛了七碗麵，端給七位客人，催促他們快吃，因為她知道等老闆或老闆娘看見了，不但她要受責罰，這些人也吃不到東西了。那七位客人接過麵條，也來不及道謝，拿起筷子就往嘴裡扒。

誰知，那王氏睡醒了一覺，出房來透透氣，一眼就看見七個叫化子模樣的人正在那裡狼吞虎咽。她一時起疑，連忙跑過來問何三姑這些人給過錢沒有。何三姑剛想藉故搪塞，那位牽驢老漢走上前來搶先說道：

「我們幾位都是落難之人，多蒙這位小姑娘發善心，賞給我們幾口飯吃……」

王氏一聽，原來何三姑又拿自己的東西施捨給窮鬼，氣得滿臉橫肉直咚嗦，揚起手掌「啪」的就給了何三姑一巴掌，接著跳出櫃台，把七個客人的飯碗全搶走，將剩下的麵條統統倒進旁邊的豬食盆裡。一邊倒，還一邊罵道：「這飯就是拿來餵豬，也不准給要飯的叫化子吃。」這時候，章得利也從外邊回來了。他問明情況後，先是臉色一沉，將七個人全身上下打量了一番，覺得確實榨不出什麼油水來，便轉了轉眼珠子，皮笑肉不笑地對七位客人說：「算啦，算啦，反正飯已吃了，又吐不出來，我看你們也沒錢付帳，這樣吧，我也不為難你們，你們就每人替我磨二斗麥子作為飯錢吧！」

何三姑是個烈性女子，她見章得利要讓客人們磨麥，覺得實在沒道理，就衝上前去對章得利說：「這幾位客人從昨晚到現在，空著肚子趕了八十多里路，還沒吃上幾口飯，哪有力氣推磨啊！」

何三姑又轉身對七位客人說：「你們走吧，我來替你們磨。」七位客人並不推辭，一齊對何三姑拱手說道：「小姑娘，連累妳啦！」說完，就轉身走出門去。章得利本想阻攔，但見對方人多勢眾，逼急了自己可沒什麼好處，只得眼睜睜的看著七人遠去。

章得利氣得七竅生煙，對七個叫化子沒辦法，但對折磨何三姑他可有一套。

他一把抓住何三姑的頭髮，惡狠狠地吼道：

「妳這個吃裡扒外的狗奴才，看來不給妳點顏色瞧瞧，妳也不知道我的厲害。今天妳不准吃飯，去把豬食盆裡的剩飯給我吃了，要不然，我非活活打死妳不可！」

何三姑看著豬食盆那些亂糟糟、稀渣渣的剩飯，一陣噁心，哪裡咽得下去啊！如果不吃，章得利夫婦這對吃人不吐骨頭的魔鬼是什麼喪盡天良的事都做得出來的。何三姑正猶豫不決，不知怎麼辦的時候，那七位客人卻又走進門來。

原來他們並未走遠，只是站在門外聽動靜，他們見何三姑受此侮辱，齊聲說道：「好姑娘，我們連累妳受委屈了，不過，為了我們幾個窮人，妳就忍辱吃下這些豬食吧！」說著，那位牽驢的老漢雙手捧著豬食送到何三姑面前。

何三姑沒辦法，心想：「幫人幫到底吧！」她抬頭看了看七位客人，咬了咬牙，就捧起豬食吃了兩口。令何三姑意想不到的是，那表面上看起來令人作嘔的豬食，一吃到嘴裡竟然異香撲鼻，味道香甜，吃了幾口之後，就覺得心清氣爽，飄飄欲仙。何三姑吃完豬食，瞪了章得利兩口子一眼，就轉身到鍋爐旁繼續做事了。

章得利兩口子見何三姑真的把豬食吃了個精光，頓時啞口無言，空有一腔怒火卻找不到人發洩，只能站在那裡乾瞪眼。何三姑看到章氏夫婦那副狼狽相，不由得暗自好笑，剛才吃豬食的屈辱感也一掃而光。這時，那位牽驢的老漢突然對著何三姑高聲喊道：「何三姑，別在這裡受苦受難了，隨我們一起雲遊四方吧！」

喊完，他又向何三姑招了招手。然後，這七位客人便一同走出店門，往南揚長而去。何三姑想了想：

「與其在這裡一輩子遭受章氏夫婦的侮辱，不如隨這些人到處雲遊來得痛快！」

於是，何三姑把手中的工作一扔，緊跟著這些人跑了出去。

章得利兩口子哪肯讓何三姑白白走掉，急忙從後面追趕上來，一邊追還一邊高聲喊叫：「小賤人，妳是賣給我們的終生奴才，妳要是走，我就打斷妳的雙腿！」何三姑根本不理會他們，飛快地追上了七位客人，說她願意加入他們的行列。這時候，章氏夫婦追了上來，一把抓住何三姑衣袖，舉手就要打。何三姑並不示弱，舉手一揮，章家兩口子便跌得老遠，半天爬不起來了。這時，空中飛來八朵彩雲，八人一起踏上彩雲，升天而去，原來那七個客人都是鐵枴李、呂洞賓等人改扮的，是專程來渡何三姑成仙的。後來，人們就把何三姑叫何仙姑了。

金剪刀

關於何仙姑怎樣成仙，還有一種傳說。張果老成仙以後，常常住在中條山上修煉。中條山下有個村莊，莊裡有個叫傅荷的姑娘。一提起這傅荷姑娘，方圓百里是無人不知啊！她不但模樣長得娟秀，心地也十分善良，常常幫助別人，人們都說她是天仙下凡。這傅荷姑娘心靈手巧，尤其是她那一手剪紙的絕藝，無人可比，特別是她剪出的動物，活脫脫跟真的一樣，拿在手裡不敢放手，真怕它一落地就會跑起來！雖然傅荷姑娘有此絕活，但她並不賣藝，而且特別喜歡利用手藝幫助別人，鄉親們平時求她剪個窗花，鉸個鞋面什麼的，她從不推託，也不要酬勞。

有一年冬天，寒風凜冽，鵝毛般的雪花呼呼啦啦飄了一夜，天氣冷得可真是熱水也能結成冰。一大早，傅荷姑娘就爬起來，打算開門去掃街上的雪，一開門，突然發現門口雪地上躺著一個人，全身都落滿了雪花，幾乎成了一個雪人。傅荷連忙跑過去把那人扶起來，拍掉他身上的雪花，一看原來是位老大爺，花白的鬍子，破爛的衣裳。大爺已經凍僵了。她摸了模大爺的胸口，是熱的，就忙把大爺連拉帶拖地扶進屋裡，放到炕上蓋好被子，又煮碗薑湯給老大爺灌下去。沒過多久，老大爺就醒了過來，到中午時分，老大爺就已經活動自如了，傅荷姑娘十分高興，替老大爺做了一頓豐盛的午餐。待到下午，老大爺謝過傅荷姑娘的救命之恩後就要走，傅荷見老人已經痊癒，便不再挽留。

臨出門，老大爺從懷裡掏出一把明晃晃的剪刀遞給傅荷說：

「姑娘，妳真是個好心人，我沒有什麼值錢的東西，就將這把剪刀送給妳吧！它會使妳逢凶化吉，遇難呈祥的。我告辭了，以後有什麼事可以到西邊山上來找我。」說完，老人頭也不回就往山上走去。

這老頭不是別人，正是張果老變的。他聽說山下有個叫傅荷的姑娘人善心好，故而化裝成凍僵老人來試探她。一試之下，果然如傳說的那樣，張果老便決定點化她成仙，便把這把剪刀送給了傅荷。你可別小看了這把剪刀，它可是當年織女下凡洗澡的時候忘在人間的剪刀，帶有仙氣。

傅荷自從得了這把金剪刀，真可說是如魚得水，她的剪紙技藝可真神了。她剪出的鳥兒能飛上天；剪出的狗兒能「汪汪」叫著跑出去看門。南邊大叔沒有牛耕地，她拿出金剪刀，剪了一頭牛，丟在地上，牛就活了，「哞哞」亂叫，南邊大叔再也不愁地沒人耕了；西邊的大娘想養幾隻雞卻沒錢買，她馬上剪了一群活蹦亂跳的雞送給大娘，大娘再也不愁沒錢了。反正，村裡人有什麼困難，只要辦得到的，傅荷都會藉金剪刀的法力儘量幫忙。

當地有個地主叫張百萬，為人心狠手辣，貪得無厭，平日橫行霸道，人們十分恨他。這張百萬聽說傅荷姑娘有這樣的寶貝，馬上派了幾個狗腿子到傅荷家去把金剪刀搶來。傅荷一個姑娘家，勢單力薄，哪裡爭得過這些如狼似虎的狗腿子，只好眼睜睜的看著狗腿們帶著金剪刀揚長而去。

張百萬見寶貝到手，高興得手舞足蹈，馬上把他的老婆叫出來，要她剪大騾子、大馬。他老婆平時飯來張口、茶來伸手，連針線活兒都不會，哪會剪什麼騾子、大馬呀？剪出來的不是狐狸、野貓，就是青蛙、蛤蟆。一時間，滿屋、滿院蛙呱貓叫，雞飛狗跳，氣得張百萬破口大罵：「混帳東西！全都給我攆出去！」

張百萬看出他老婆確實沒本事剪出什麼像樣的東西，就說：「剪不出活物，妳剪點死東西啊！妳就剪點金銀財寶！」

他老婆又連忙揮起剪子「嚓」幾下剪了些有方、有圓的東西。誰知道，變出來的不是什麼金銀元寶，全是些破磚爛瓦，一會兒就堆了一屋。張百萬氣得狠狠賞了老婆一個耳光，命令狗腿子道：「去把那個會剪東西的小姑娘給我抓來！」

不一會兒，狗腿子們就把傅荷連推帶拉地帶到了張百萬面前。張百萬把傅荷推進一間屋子裡，還從外面上了鎖。張百萬惡狠狠地隔著門對傅荷說：

「妳就待在這屋子裡給我剪滿屋子的金銀元寶，要不然，妳就別想出來！」

說完，他就帶著狗腿子揚長而去。

剛開始，傅荷氣得又掀桌子又踢門，折騰了半天也沒辦法出去。傅荷抱頭痛哭，卻一直沒人理她。夜深人靜，張百萬和他的狗腿子們都睡著了，四處靜悄悄的，傅荷這時反而冷靜下來，想著逃跑的辦法。

突然，桌子上金光閃閃的剪刀一下子觸發了她的靈感。只見她拿起剪刀，幾下就剪出了一扇木門。她拿起紙門往後牆上一貼，沒想到後牆上真的出現了一扇門，她一推門就出了張百萬家。原來張百萬的後牆外就是大街。她不敢停留，帶著金剪刀和幾張紙就馬不停蹄地往自己家裡跑去。

跑到半路，傅荷一想：「不能回家，張百萬如果發現我不見了，一定會再到家裡去找我。」可是，不回家她又到哪裡去呢？她突然想起了那個老大爺的話，就改變了方向，往西山跑去。

張百萬半夜裡醒來，忽然想起了傅荷和金剪刀，他有些不放心，連忙叫幾個狗腿去查看，哪知道開門一看，只見後牆上開了一扇門，傅荷早已不知去向。張百萬氣急敗壞地喊起看家的狗腿們，馬上點起火把，四處搜尋傅荷的蹤跡。

傅荷是個嬌弱女子，晚上很少出門，又不敢打火把，只能摸黑前進，走起路來自然不快。而那些家丁則不一樣，個個身強力壯，跑起路來比兔子還快，再加上有燈火照明，沒多久，沿著傅荷逃跑方向搜索的人就發現了傅荷。這些人大呼小叫地追了上來，離傅荷越來越近。傅荷一邊跑一邊回頭看，只見張百萬和一群狗腿就快要追上自己了，於是她急中生智，邊跑邊掏出金剪刀和紙張，嚓嚓地剪了一條洶湧的大河就往後一扔，傅荷和張百萬他們中間馬上出現了一條大河，隔斷了他們的追路，有些人因為跑得太急，停不住腳，就撲通撲通地掉進河裡，成了落湯雞。

為了得到金剪刀，張百萬哪管別人的死活，他威逼利誘，趕著他的狗腿子們下了河，想游過河繼續追趕。眼看著張百萬和他的狗腿子就要渡過河了，傅荷又剪了幾個浪花扔到河裡，河中立刻波濤洶湧，張百萬和他的狗腿子轉眼間就被波浪捲得無影無蹤。

傅荷見張百萬死了，就慢慢爬上山找到張果老。張果老聽了傅荷水淹張百萬的經過之後對她說：

「我本是這山中神仙張果老，只因妳善良仁愛，我有意點化妳早登仙界，但見妳塵緣未了，所以沒能早點帶妳上山。妳經歷了一難，又除了一霸，塵緣已了，如果妳願意，就留在這山中修煉吧！」

傅荷萬分感激張果老，從此靜下心來跟隨他修煉，後來果然修道成仙，她就是八仙中的何仙姑。

何仙姑成仙後便跟著張果老雲遊四海，她看到張果老年老力衰，走起路來頗為費力，就拿出金剪刀替張果老剪了隻紙驢，這紙驢真是既方便又實用，不用的時候，把紙驢一疊放到牆角就不用管了，出門要騎時，只需對著它噴上一口水，紙驢一下子就變成一匹活蹦亂跳的小毛驢。

張果老自從有這隻毛驢，走起路來方便多了。張果老如果想讓活驢變成紙驢，只要拉驢的尾巴就行了。因此，有人說，張果老之所以喜歡倒騎毛驢，就是為了拉驢尾巴。

武后請仙姑

何仙姑成仙後，專門尋訪仙山，採集仙草配藥，救死扶傷，行醫救人，聽人說，她煉製的藥可靈了，無論是什麼病，吃上一口就能痊癒。這時候，正是武則天當政。這武則天從李氏手裡奪了江山以後，總是提心弔膽，她怕自己一死，自己的江山又會被李氏奪回去。於是，她想方設法尋找不死藥，妄想永遠不死，若能如此就可永固江山了。她聽說何仙姑能夠炮製仙藥，就派親信李臣四處查訪，務必把何仙姑請到宮裡替她煉製不死之藥。

李臣派出探子全國尋找，終於讓他查到何仙姑在廣東。於是，李臣馬上帶著隨從，騎上快馬，日夜兼程往南趕去。他走了一天又一天，越往南走天氣越燥熱。李臣受不了這苦，就乾脆早晚行路，中午睡覺。他還依仗著是武則天的親信，一路上白吃白住不說，還逼迫良家婦女陪他睡覺，一時間怨聲載道，老百姓沒有不咒他早死的。

好不容易來到了湖廣交界的地方。李臣抬頭一看，兩邊都是懸崖峭壁，又高又陡，只有一條崎嶇不平的小路夾在中間。那溝裡，一絲風也沒有，沒走幾步路，李臣就熱得口乾舌燥，身上衣服都被汗水浸透了。

李臣吩咐手下到處去給他找水喝，在這荒山野嶺中，哪有喝水的地方啊！手下人找了半天，都空著手回來報告說沒找到水。李臣正渴得不行，突然看見那陡峭的山崖頂上站著一個年輕姑娘，手裡還挽著一個籃子。李臣心想：「這裡前不著村後不著店的，這姑娘一定是住在附近的山民，不如問問她哪裡有喝水的地方，說不定她籃子裡就裝著水呢！這可就省得老爺我受罪了。」李臣想到這兒，抬頭衝那姑娘喊道：「喂，那丫頭給我下來，老爺我有話問妳。」

那姑娘並不搭話，只是側過身來，縱身從百丈崖上跳了下來。崖下眾人一聲驚呼，心想：「這丫頭沒見過世面，被李臣老爺這麼一嚇，一不小心從崖上摔下來了，這下必死無疑。」

誰知眾人眼前一花，只見姑娘輕飄飄地落在眾人面前，衝著大夥盈盈一笑，像沒事人兒一樣。

李臣一看，反倒嚇了一跳，心想：「我的媽呀，這丫頭可不是一般的山野村婦，我要不搬出我身後那塊大牌子恐怕鎮不住她。」

想到這裡，那李臣清了清嗓子，雙手叉腰，大聲說道：「丫頭妳聽好了，老爺我是從京城來的，奉了皇上的密旨，來請一個叫何仙姑的進京。老爺我現在渴得難受，妳快給我找水解解渴！」

姑娘聽了，噗嗤一笑說：「原來眾位老爺是從京城來的大官呀，大人的命令小女子本不敢不從，但這地方山高林密，遠離村莊市集，要找水可不容易，依小女子之見，這山坡上有棵梅子樹，正好可以解解渴。」

李臣等人衝著姑娘指的方向一看，果然看見一棵梅子樹，綠油油的葉子，金黃的果實，看著就教人嘴饞。再一看那樹長的地方，李臣等人傻眼了，只見那樹長在離地三四十丈高的山崖上，別說人上不去，就連猴子也只能乾瞪眼。

李臣氣得衝村姑嚷嚷道：「妳這不是存心拿老爺尋開心嗎？那麼高誰上得去？」

姑娘微微一笑，也不說話，只將兩臂一甩，雙足往地上一蹬，整個身子便輕飄飄地飛上了崖頂。片刻工夫，那女子又飛下崖來，把半籃子黃燦燦的梅子往李臣面前一送，笑盈盈地說：「大人請品嘗吧！」

李臣早已口渴難忍，忙抓過一把梅子就塞進嘴裡。那梅子又酸又清涼，吃起來又解渴又解暑。李臣只顧自己狼吞虎咽，那些隨從雖然也渴得嗓子冒煙，卻也只能乾瞪眼，沒一會兒，大半籃子梅子就被他吃了個精光，一邊抹著嘴巴，一邊拍著肚皮，嘴裡直說：「舒服。」

姑娘站在一旁笑著問：「大人，這梅子好吃嗎？」

李臣伸了伸懶腰說：「好吃。小丫頭，妳知不知道何仙姑住在什麼地方呀？如果告訴老爺，重重有賞。」

姑娘聽了，微微一笑說：「我當然知道她在哪兒！不過，我不告訴你！」

李臣臉上勃然變色，衝手下人一揮手，叫道：「把這小丫頭給我拿下，細細逼問何仙姑的下落！」

四個隨從一擁而上，就要捉那村姑，誰知眾人眼前一花，四人撞在一起，滾成一團，那村姑早已不見了蹤影。眾人爬起來，四處觀看，才看見村姑正站在幾十丈高的崖頂衝他們笑呢！

那女子衝李臣叫道：「你不是要找何仙姑嗎？告訴你，我就是何仙姑，你這個忘恩負義的狗奴才，剛才我好心好意摘梅子給你吃，誰知你恩將仇報，我不給你點厲害瞧瞧，你也不知好歹。」

說完，用手一指李臣，嘴裡叫聲：「長！」李臣就覺得肚子裡脹得慌，不一會兒，那肚子就鼓了起來，腮幫子也覺得有些不對勁兒。他用手一摸，頓時嚇了一跳，原來臉上長了一個豬蹄子。李臣正驚魂未定，又感到四肢有異，他低頭一看，四肢變短，自己成了個四不像的怪物。

李臣知道中了何仙姑的詭計，又驚又怕，連忙跪下來叩頭求饒：「仙姑行行好吧！小人有眼不識金香玉，多有得罪，請仙姑饒了我，讓我恢復原形吧！」

看著叩頭如搗蒜的李臣，何仙姑並不動心，只是冷冷地說：「李臣，你平日依仗武后的勢力欺壓百姓，無惡不作，今日是自作自受，與我無關。要想恢復原形，你就自己爬回京城去，到了京城，你自己就會變回來。我託你給武后傳句話，就說我何仙姑乃一介草民，無福消受宮廷奉祿，就請她死了那份心吧！」說完，就轉身消失在崖後。

李臣無奈，只好拖著那四不像的身體向京城爬去。他白天不敢露面，一來怕人嘲笑，二來怕被老百姓認出來，所以只在晚上爬行。就這樣曉宿夜行，足足爬了半年，吃盡了苦頭，才爬回長安城。過了護城河，他果然變了回來，就連忙進宮面見武后，把被何仙姑愚弄他的事情，以及何仙姑要他帶的話都一五一十地告訴了武后。

武后聽了李臣的報告，大發雷霆，心道：「好妳個何仙姑！竟然這樣不給我面子，妳可別怪我不客氣！」

於是，武后立即調來一百名精練的騎兵，讓李臣率領著，日夜兼程趕到廣東何仙姑的住處，把她抓進宮來。李臣見有了雪恥報仇的機會，馬上帶領騎兵趕到廣東，將何仙姑的家圍了個水洩不通。

李臣手一揮，那些騎兵就要進屋抓人，沒想到門一開，何仙姑自己走了出來。她看見李臣就說：「大人，咱們又見面了，這回怎麼這樣殺氣騰騰呀！我一個弱女子，也用得著你這樣勞師動眾嗎？我跟你進京便是。不過，我有一個條件，得找一頂轎子抬著我。」

李臣心裡老大的不甘心，本以為何仙姑會反抗，那樣的話就可以狠狠懲戒她一下，誰知她突然變得這樣聽話，倒使李臣不知道該怎麼辦了。不過，這李臣雖然刁頑，還是知道輕重的，一來知道何仙姑厲害，真打起來他們這幫人還不一定是她的對手；二來武后請何仙姑是給她煉製不死藥的，要是真惹惱了她，死不給武后製藥，武后一定會治自己的罪。想來想去，李臣都不敢得罪何仙姑，只好派人去找了一頂轎子，請何仙姑上轎。

何仙姑坐上轎子，李臣就打算起程，誰知何仙姑又吩咐道：「別忘了把我的花籃和花鋤一塊帶上，我進了宮要用的。」

李臣忙跑過去拿花鋤，沒想到小小一把花鋤卻如有千斤重，根本拿不動，他又去提那花籃，而那花籃就像生了根。李臣一點辦法都沒有，只好又低聲下氣地去央求何仙姑。

何仙姑「噗嗤」一笑說：「哎呀，大人，我忘了告訴你了，那花鋤和花籃跟了我不少日子，帶了仙氣，哪是你們凡人能拿得動的。這樣吧，你再去找兩頂轎子來，一頂抬花籃，一頂抬花鋤不就行了。」

李臣明知是何仙姑藉故捉弄他，卻半點辦法也沒有，只好乖乖的又去找了兩頂轎子來抬花籃、花鋤上路了。

何仙姑還想再捉弄捉弄這些人，於是專門挑中午天熱的時候走。李臣等人抬了三頂轎子，還帶著百來個全副武裝的騎兵，在太陽底下走著，熱得他們是口乾舌燥，叫苦連天，還不敢慢了，怕京裡的武則天等急了拿他們治罪。他們就這樣走了一天又一天，終於離京城不遠了。那些抬轎的士兵走幾步就恨不得能放下轎子歇歇，哪知李臣見京城在望，立功心切，仍然督促著士兵們往前快走。

進了長安城門，李臣這才放下心來，他也累得走不動了，才讓士兵們放下轎子來歇歇。李臣見何仙姑乘坐那頂轎子半天沒動靜，連忙跑過去掀開簾子一看，轎裡空空的，哪有何仙姑的影子。他急忙掀開後面兩頂轎子。何仙姑的花籃、花鋤也沒了蹤影。這一下子李臣可慌了神，他早已派人給武則天送了信，說人馬上就送去。要是在路上把人弄丟人，他李臣就是欺君之罪，腦袋是要搬家的。

李臣趕緊撒開人馬到四處去找尋，找了半天，終於看見何仙姑正不慌不忙地在一個小山坡上採藥。李臣馬上帶人圍了過去，何仙姑卻並不慌張，只是笑瞇瞇地對他說：「你們不趕路跑這裡來幹什麼，我給老公公找點藥治病，隨後就到。」

李臣順著她指的方向一看，不遠處的山坡上果然躺著一個乞丐一樣的老頭，身邊扔著一只破葫蘆和一根枴杖，那條瘸腿正淌血呢！李臣哪管別人的死活，他對手下使了個眼色，那些士兵就如狼似虎地撲過來，抓住何仙姑就要走。

沒想到那老頭突然站了起來，攔住眾人道：「慢著，武則天多活一天就多一天禍害，這種人怎麼能不死呢！還是我這條腿重要啊！」

有幾個士兵見他阻攔，就過去想推開他，誰知被他抬手這麼一揮，十幾個大漢就給撥到一邊去了，他一伸手抓住何仙姑，騰雲駕霧片刻間就沒了蹤影。

手擎花籃，橫吹玉笛，瀟灑不凡的——韓湘子

韓湘子在成仙之前是個窮書生，自幼父母雙亡，孤苦無依，窮得上無一片瓦，下無一塊地。雖然飽讀詩書，滿腹經綸，卻並不醉心於功名利祿，他整天雲遊四方，終日以簫為伴，過著閒雲野鶴般的生活。

湘子成仙

有一年，八仙之一的韓湘子去終南山拜山求道歸來，一路上見田地荒蕪，鄉親們人人長吁短嘆，個個愁容滿面，覺得十分奇怪。他一打聽才知道，原來是他的叔公韓文公從京城告老還鄉，打算要在方山上大興土木，修建一座韓王府，為此，他要把世代居住在方山的窮苦老百姓全都趕下山去。

韓湘子聽了叔公的所作所為，十分不滿，也覺得沒臉見鄉親父老，他暗下決心，一定要阻止叔公奪走鄉親們的田地。

韓湘子先直接找到他的叔公，勸他放棄王府的修建計畫，把土地歸還給老百姓。沒想到叔公不但不聽他的勸告，反而罵他吃裡扒外。韓湘子雖然對韓文公萬分不滿，但是他畢竟是個晚輩，倒也不敢亂來。韓湘子一夜未眠，思量來思量去，總算讓他想出了一個好辦法。

第二天，韓湘子又來到叔公家。韓文公見他又來，知道又是為方山田地的事，不等韓湘子開口，韓文公搶先說道：「賢侄，我修建韓王府是光宗耀祖的大事，這方山，還非我這韓王府修不成啊！」

韓湘子微笑著說：「叔公，小侄並非為修府占地一事而來。小侄父母早亡，如今還沒有安身之處，我想向叔公要塊地作為我修仙煉道的地方，不知叔公可否願意？」

韓文公一聽韓湘子要地，先還有些心疼，但想到只要他不來攪我修建王府的大事，就給他一塊地也無妨，於是就假惺惺地問道：「不知賢侄要幾丈田土方能安身？」

韓湘子深施一禮說：「多謝叔公成全，我韓湘子孤身一人，能要得了多大地方。我只要我這件衣服一樣大的一塊就行了。」

韓文公一聽，不禁暗喜，心想：「我原本以為他會獅子大開口，要真那樣的話，我作為長輩倒是不好推辭。幸好他只要衣服大的一塊地方，他那一件破衣服寬不到四尺，長不過八尺，我索性大方一點，送他一丈見方的土地也無妨。」

韓文公於是說：「賢侄，你父母早亡，我忙於公務，對你沒有盡到什麼照顧的責任，既然你要安家立業，我就送你一塊一丈見方的土地，你看如何？」

韓湘子搖了搖頭說：「小侄就要一件衣服那麼大的土地就足夠了。」

韓文公當然希望如此，於是滿口答應。

韓湘子見叔公已然答應，就脫下衣服，往空中一撒，說也奇怪，一件長不過八尺、寬不過四尺的破衣服，轉眼間變得鋪天蓋地，一下子把整座方山都蓋住了。

韓文公這才知道上了韓湘子的當，他見韓湘子一下子要去了他修建韓王府的風水寶地，也顧不得長輩的尊嚴了，氣急敗壞地當場反悔，拂袖而去。韓湘子見叔公如此不講信用，也真的動了氣。只見他常在方山上，一天到晚吹簫解悶。韓湘子的簫聲優美動聽，真切感人，連西天佛祖聽了也不禁為之動容，於是，如來佛就派了二十八個菩薩來幫助韓湘子。

韓湘子見來了救兵，馬上來了精神，他想了一個主意，每天晚上，他都把這些個菩薩全背到韓文公的大門口去，一大早，韓文公府上的門一開，這些菩薩就一窩蜂地闖進門去，在華堂上又哭又鬧，大聲叫道：「還我地來！還我地來！」韓文公還在睡夢之中，被這鬧聲吵醒，真是又急又氣，卻又無可奈何，如此過了足足四十九天，韓文公被吵得整日不得安寧，最後不得不忍痛把方山的田地還給鄉親們。

自從鄉親們要回方山後，男耕女織，方山又煥發出昔日的勃勃生機，鄉親們的日子也一天比一天好起來。鄉親們為了感謝韓湘子的要地之恩，大家齊心協力在山頂上修了一個太極洞，讓韓湘子修仙煉道。從此，韓湘子就在這個茂林修竹的地方專心地刻苦修煉，一修就是數百年。韓湘子的誠心連九天之上的玉帝也深為感動，於是，他派漢鍾離和藍采和下凡來渡脫韓湘子成仙。

兩位大仙領得玉旨，連忙駕起祥雲來到方山。在渡脫韓湘子成仙之前，他們還想再試試韓湘子是否真如傳說中那麼心誠志堅。於是，他們搖身一變，化為母女倆在山路上等著韓湘子回太極洞來。

這一天，韓湘子見山下瘟疫盛行，於是放棄清修，下山為鄉親們治病。等他把病人們都安頓好，已經是夕陽西下、玉兔東升時候。韓湘子拒絕了鄉親們的挽留，頂著月色往回趕路。

他在崎嶇不平的山路上走啊走的，今天的山路似乎顯得特別的長，永遠沒有盡頭。突然，一團烏雲飄來，遮住了月亮，不一會兒就下起了傾盆大雨。雨可真大呀，滿山的雨水嘩嘩地往下流，沖得連山路都分不清了。韓湘子在泥水裡深一腳、淺一腳地往前走著，然而走來走去，卻好像一直在原地打轉。韓湘子這才發現自己已經迷路了。

雨仍然不停地下著，絲毫沒有停止的跡象，遠處不時傳來一陣陣虎豹的叫聲。韓湘子不禁焦急了起來，心裡尋思：「這大山深處，要是有那麼一戶人家能避避風、躲躲雨就好了。」正這樣想著，突然間，只見前面出現了一點火光。韓湘子不由得加快了腳步，等走近一看，原來是一座茅屋。韓湘子不禁暗叫僥倖，急忙跑過去敲門借宿。

敲了半天，屋門才「吱」的一聲開了半邊，一個四、五十歲的老婦站在門後，滿臉戒備之色，她後面是一個十六、七歲的青衣女子，見有生人，連忙躲到老婦人身後，但仍偷偷打量著韓湘子。韓湘子深施一禮道：「老人家，我是過路之人，只因天降大雨，無法趕路，想在此借宿一宿，不知方便與否？」老婦人並未答話，只見那青衣女子在老婦耳邊說了幾句悄悄話，就嬌滴滴地向韓湘子道：「客人，請進。」

韓湘子進得門來，就聽身後「卡」的一聲，那女子把門鎖了個嚴嚴實實。那女子轉過身來，在燈下從上到下把韓湘子細細打量了一番，看得韓湘子十分窘迫，他連忙小聲對那老婦人說：「老人家，外邊風大雨大，想回山上又迷了路，所以前來叨擾，等雨一停我便上路。」

那老婦人笑笑說：「你不必著急，我母女倆居住在這深山之中，相依為命，無依無靠，今有貴人投宿，真是天作之合，老婦願把小女許配與你為妻，不知意下如何？」

韓湘子聽了此話，大為吃驚，連連擺手道：

「老人家，我本是修行之人，早已超脫凡法牽掛，今晚只因天黑雨大，才來叨擾，絕不敢有非份之想，老人家的好意，小的實難從命。」

那小女子一聽韓湘子拒絕，不由得小嘴一噘，走上前來嗔怒地說：

「客人莫不是嫌奴家長得醜陋？」

韓湘子剛才進門，未及細細打量那女子，直到現在他才看清女子的模樣。只見她一雙水靈靈的大眼睛如明珠一般含情默默，一張櫻桃小口，勾魂奪魄，生得如花似玉，簡直勝似月宮嫦娥。

但是韓湘子仍然沒有動心，只婉言道：「修行之人，視紅粉朱顏為過眼雲煙，姑娘天生麗質，世間罕有，只是我一心修道，不敢有娶妻之念。」

話音未落，那老婦人忽然發怒道：「我母女本是一番好意，誰知你竟是個石頭人、木頭心。今日你答應這門婚事便罷，如不答應，這裡便沒有你的住處，就請你到門外去餵虎豹豺狼吧！」

韓湘子沒有辦法，只能到屋外去。但他從門縫往外一看，門外幾隻餓虎正張著血盆大口等著他呢！他想從後門出去，沒想到後門又有一群豺狼在轉來轉去。

韓湘子見前有餓虎後有豺狼，屋裡又沒有他的容身之處，只好從東牆的缺口處跳了出去。韓湘子本以為沒多高，誰知雙腳踏空，身子就像斷了線的風箏，直往下掉，原來，茅屋的東牆下竟是萬丈深谷。韓湘子心想：「我命休矣！今日看來真是劫數難逃了。」這時候，漢鍾離和藍采和才現出真身，在半空中接住了韓湘子。韓湘子終於通過了最後一個考驗，隨同漢鍾離和藍采和成仙而去。

金鑾殿戲皇帝

韓湘子被漢鍾離點化成仙後，就在終南山上修煉，這一天，他覺得有些累了，就提了花籃，打算到山下走走。

韓湘子到得山下，不覺得吃了一驚，只見天乾地旱，莊稼枯死，死屍遍地，哀鴻遍野，僥倖未死的，只好拖兒帶女，四處流浪。韓湘子心想：「天下大旱，朝廷為何不發糧賑災呢？我要到京城去看看，皇帝和他的大臣們都在做什麼。」

韓湘子駕起雲頭，轉眼間到了京城，沒想到京城裡倒是一番歌舞昇平的景象。只見城牆上旌旗招展，金鑾殿中彩旗飄揚，鼓樂喧天，鶯歌燕舞。韓湘子向路人一打聽才知道，今天是皇帝的壽辰，他早已頒發旨意，要大慶十日。韓湘子聽了十分火大，心想：「如今天下大旱，百姓流離失所，朝廷不想辦法救災，反而把白花花的銀子用來為皇帝作壽，而且還如此窮奢極侈，日日山珍海味，天天美酒佳肴，視人民血汗於無物，視百姓生死為草介，我不想辦法懲治懲治這個昏庸透頂的皇帝，實在難消我心頭之氣！」

主意打定，韓湘子變成一個雲遊道人，手敲木魚，來到金鑾殿前，叫道：「多謝施主，開恩開恩！」

此時皇上正在金鑾殿上與眾大臣悠哉悠哉地欣賞歌舞呢，忽然聽到殿外木魚「梆梆」亂響，打擾了他聽音樂的雅興，又聽得化緣之聲，不由大怒道：「朕今日慶祝壽辰本求大吉大利，這道人竟來化緣，豈不是化走了我的福緣，來人呀！馬上把這道人推出午門斬首！」

眾武士就過來要拿韓湘子，哪知韓湘子身子一搖突然來到了金鑾殿上。他不慌不忙地對皇帝說：「請皇上息怒，俗話說，皇刀雖快，不殺無罪之人！貧道化緣路經此地，有何罪過，皇上要斬貧道？」

皇帝惡狠狠地說：「今天是朕的壽誕，你來化緣，有損朕的福壽，還不知罪？」

韓湘子從容地答道：「皇上誤會了，我來是給皇上賀壽的！」

皇帝一聽他是來賀壽的，立刻轉怒為喜說：「哦，你這個叫化子老道也來給朕賀壽，有什麼禮物，趕快拿過來朕看看。」

韓湘子深施一禮道：「壽禮不大，還請皇上莫要見怪。」

皇帝一心想看韓湘子的禮物，就不耐煩地說：「少囉嗦，有什麼禮物，快快呈上來！」

韓湘子就從隨身帶的花籃裡，拿出一包自己吃的瓜子獻給皇上說：「這就是我獻給皇上的禮物！」

皇上怎麼想也沒想到只是一包瓜子，滿臉不高興，就厲聲喝道：「來人啊，把這戲弄朕的臭道士抓起來！」

殿上武士正要動手，韓湘子道：「皇上有所不知，這可不是普通的瓜子，它能夠在隆冬開花結果，而且不到片刻就可以長成一顆又甜又大的大西瓜。」

皇帝一聽，忽然來了興致，心想：「我還沒嘗過隆冬季節的西瓜是什麼味道呢！」於是傳下旨意，命韓湘子馬上種瓜，限他在半個時辰之內種出又大又甜的西瓜出來，否則殺無赦。

韓湘子並不慌張，只見他拿出一粒瓜子，放在金鑾殿的磚縫裡，吹了一口氣，再念了幾句真言，叫三聲：「長！長！長！」說也奇怪，那瓜子從磚縫裡冒出芽，又吐出了兩片嫩葉，不一會兒就長成了瓜藤，接著開了花，最後結出了一顆大西瓜。

韓湘子等西瓜成熟了，就輕輕摘下來，恭恭敬敬捧到皇帝的龍案上。皇帝見真有這麼奇怪的事，大冬天的還真長出了一顆大西瓜，就是不知道味道怎麼樣。皇帝命人把西瓜切成一片一片的，分給大臣們食用，他自己拿起那塊最大的，輕輕咬了一口，那西瓜肉進到嘴裡就化，又香又甜，比熱天吃的西瓜有味多了。眾大臣嘗了也是嘖嘖稱讚。

皇帝見韓湘子道術高明，很是高興，就要他再變些新鮮花樣出來。韓湘子也不推辭，只見他拿出隨手帶的花籃往空中一拋，口中念道：「宮娥美女，前來報到！」眾人只覺眼前一花，只見八個豔裝美女輕飄飄落在金鑾殿上，有的唱歌，有的彈琴，剩下的長袖一甩，翩翩起舞，皇帝睜大眼睛仔細觀看，這八個美女猶如天仙下凡，個個櫻桃小嘴，面如桃花，雙眼含情，嘴角含笑。皇上把三千後宮嬪妃和她們一比較，全都猶如醜小鴨見了白天鵝，一時之間，皇帝的魂就被勾走了。

韓湘子見皇帝已經上鉤，就施禮道：「皇上，這些美女宮娥是貧道專門送給皇上的見面禮，皇上還滿意吧？」

皇上連聲說：「滿意，滿意。」皇帝忙命人帶眾美女去後宮更衣沐浴，他轉頭對韓湘子道：「道士賢卿，你送這麼好的禮物給我，我得重重賞你，賢卿有什麼要求，儘管說來。」

韓湘子道：「貧道乃雲遊之士，今日化緣經過，見皇上大壽，特來獻禮，貧道也不要什麼重賞，只需向皇上化一花籃銀錢就可。」

皇帝一聽，樂得呵呵直笑說：「我還以為什麼呢！朕富有天下，國庫充盈，與其說區區一籃子銀錢，就是十籃子、百籃子朕也給你。」於是，皇上就命人接過韓湘子的花籃去銀庫裡裝銀了。

哪知，眾人在大殿上等了半天，那位大臣才慌慌張張地跑上殿來稟告皇上：「啟奏聖上，臣已經把一座銀庫的錢都裝進籃子裡，可是籃子才裝了半滿。」皇上想到自己已經答應給他一籃子銀錢，如果裝不滿，豈不被人恥笑，就又命大臣打開八座銀庫繼續裝，直到裝滿為止。

又等了許久，大臣又跑回來稟告：「八座銀庫都搬空了，花籃還是沒裝滿。」皇帝這下子可急了，連忙瞪著韓湘子道：「妖道，你使什麼妖法，把我這麼多銀兩都偷到哪裡去了，快快從實招來！」

韓湘子笑了笑說：「皇上不是看見了嗎，你的錢全裝進我的籃子裡了。」

皇帝大怒道：「妖道，你這籃子能有多大，怎裝得下我八座銀庫的銀兩？」

韓湘子說：「我這花籃雖說不大，但裝四座山是綽綽有餘。」說著，對著那花籃吹了一口仙氣，轉眼之間，那花籃裡果然長出了四座名山，山上獐子、猴子滿山跑；山下野雞、兔子草裡鑽。有兩隻猛虎正呼嘯著衝下山來，千萬條大蛇盤在樹上直吐信。皇帝見韓湘子變得有趣，一時之間把銀庫的事忘在腦後，口中連連誇獎：

「好，變得好，你變的這四座名山太好了！要是再變一些瀑布、山泉就更妙了。」

韓湘子聽了，輕輕晃了晃花籃，頓時出現了無數條瀑布和山泉，綠汪汪，清瑩瑩，水珠迸潑，猶如萬顆珍珠飛落，突然，碧浪滔天，彷彿要沖了金鑾殿。皇帝大驚失色，連忙叫道：「不要水了，不要水了！」

韓湘子微微一笑，隨手把花籃扔進水裡，花籃立時變成了一艘彩船，船上有眾多仙女在吹拉彈唱，那音樂優美動聽，令人陶醉。韓湘子一步跨上彩船，千萬朵鮮花一起在他懷中開放，皇帝見了，十分羨慕，就叫道：「道士，把船划過來，朕也上去玩玩。」

韓湘子笑著說：「你是凡人肉胎，怎能上得了我的寶船！」

皇帝一聽不高興了，衝韓湘子嚷道：「難道你是神仙不成？」

韓湘子施禮道：「正是！皇上，貧道告辭了。」說完轉身就走，金鑾殿頓時失了光彩。

韓湘子出得殿來，駕起白雲，直衝雲霄，皇帝見韓湘子走了，只好無可奈何地唉嘆一聲，起身回宮。突然想起那八庫銀錢，連忙叫人查看，八個銀庫已是空空如也，累積如山的銀兩都隨韓湘子消失得無影無蹤。皇帝心疼得直跺腳，但想到雖然丟失了八庫銀錢，卻得了八個大仙美女，想想也不吃虧。誰知，他來到後宮，想叫那八個美女出來陪他飲酒玩樂，才發現那八個美女竟然也沒了蹤影，氣得皇帝一屁股坐在龍榻上，一病不起。

悔罪成仙

相傳在宋朝的時候，有戶姓曹的人家，生有四男一女，老大叫曹友，小姐叫曹英。要說這曹英，可是個絕色美女。鴨蛋臉，桃花腮，柳葉眉，杏核眼，婀娜嫵媚，柔性纏綿，添一寸太長，減一分嫌矮，猶如趙飛燕轉世，又似綠珠復生。尤其是那聲音，真如天仙鶯聲，聞之令人陶醉。不知怎麼的，曹家小姐的豔名傳到了皇上的耳朵裡，於是，一道聖旨下來，曹英被選入宮，封為皇妃。這曹友四兄弟也因此裙帶關係成了當朝國舅。

這曹家四兄弟本來就是街頭混混，平日吃喝嫖賭，無所不為，自從妹妹選進宮去後，曹友四兄弟更是為所欲為，作惡多端，成了當地一霸，因為他是皇親國戚，官小的管不了，官大的不敢管，這四兄弟日漸驕橫起來。

有一次，曹友四兄弟牽狗架鷹，持搶扛刀，率領著一幫打手出去打獵。打了一上午，收穫頗豐，一群人就在山坡上烤野味吃，遠遠地看見山下有個珠寶商人推了一車貨物經過。曹家四兄弟都是財迷心竅、見錢眼開之輩，眼前有這筆橫財，哪肯放過。

兄弟們不知天高地厚，帶著人就要衝上前去搶奪，還是曹友老練，他攔住兄弟們說：「我兄弟是皇親國戚，跺跺腳三山五嶽都要晃三晃，放個屁，這裡的官員哪個敢說不香，本來殺個人是小事一樁，只是今朝不比往常了，朝中出了個黑臉包公，此人鐵面無情，連附馬爺都斬了，連皇上的大駕都敢擋，而且智敏過人，難鬥得很。咱們明搶財寶，一旦犯到他手中，就麻煩了。咱們不來明槍，只放暗箭！」說完，他就伏在三兄弟的耳邊密語了一番。

曹友兄弟四人抄近路趕到客商前頭的必經之路上，就坐在大柳樹下猜拳行令。沒多久工夫，那個珠寶商人就推著車子走過來了。曹友笑嘻嘻地迎上去，招呼道：「朋友，天這麼熱還趕路呀，小心中暑了，何不來大樹下歇歇腳再走？」那商人看了看他們，警覺地說道：「不了，我還有急事呢！」

這時，曹家一名家丁走上前喝道：「你真不識好歹，你知道這幾位是誰嗎？他們乃是當朝國舅，一向樂善好施、救濟窮困，見你天熱趕路，特備好酒相請，你怎麼就有眼不識泰山呢？」

那商人見四兄弟個個錦衣華服，不敢不信，忙上前陪笑施禮道：「請恕小人眼拙，四位國舅莫怪。國舅盛情邀請，小人哪敢不從？」於是把車子推到大樹下，與曹國舅四兄弟喝起酒來。

曹氏四兄弟輪番敬酒，那商人也是貪杯之人，不一會兒就被灌了個半醉。人一醉，舌頭就把持不住，話也逐漸多了起來。不停地向曹氏四兄弟誇耀他的珠寶如何地價值連城。曹氏四兄弟假裝不信，那商人急了，打開一車子珠寶讓他們看，四兄弟仔細一瞧，不過是些平常玩藝兒，不由得暗嘆白忙了一場，沒啥油水可撈。

四兄弟扭頭就要走，那商人突然慌忙而又神祕地從懷裡掏出一個寶匣，遞到曹友面前說：「國舅爺，你看這裡面的東西。」

說罷，他打開了盒子，曹國舅抬眼望去，只見在一塊紅綢子上放著一顆明光耀眼的珠子。曹國舅左瞧瞧、右看看，也不過是平常的珠寶，就說道：

「這種珠子，我家有好幾顆呢！是避火珠還是避水珠？」

沒想到，那商人聽了哈哈大笑說：「國舅爺，你府上的珠子雖也價值連城，但和這一顆比起來，全是垃圾。你知道這是什麼珠子嗎？」

商人見曹友搖了搖頭，又接著說：「它叫還魂珠，人如果死了，只要不超過七七四十九天，把它放入死者的口中，那人馬上就能還陽復活！這可是無價之寶啊！它本是從南洋國進貢的，卻被一個奸臣偷偷留下了，我花了足足十萬兩黃金才買下來。」這幾句話，說得曹氏兄弟心花怒放。

曹友穩了穩神，連連附和著那珠寶商人，卻悄悄地給老二使了個眼色。那曹老二心領神會，趕忙倒了一碗酒端了過來，曹國舅接過酒捧到珠寶商面前說道：「有這等喜事，我們可得慶賀慶賀，就請你滿飲此杯。」

珠寶商人喜滋滋地接過曹國舅的酒，一飲而盡，只覺得天旋地轉，渾身發軟，眼前一黑，就栽倒在地，蹬了蹬腿就死了。

曹友踢了踢屍體，見珠寶商人確實已經斷了氣，於是，他叫住正搶珠寶的三兄弟：「大家先別顧著搶珠寶，先挖個坑把屍體和珠寶一起埋在這裸大樹下，等風聲過了再來取珠寶也不遲。」

眾人連忙七手八腳動手挖坑、埋屍。一切都做好以後，曹氏兄弟就興高采烈地到酒樓慶祝去了，他們自以為神不知、鬼不覺，就等著安安心心發一筆橫財了。

誰知道，他們的罪惡勾當卻被一個人看得清清楚楚，誰呀？就是倒騎毛驢的張果老。那天張果老正好騎著毛驢從上空經過，對於曹國舅等人殺人越貨的罪惡行為十分痛恨。他本想召來霹靂雷火懲罰他們，但曹氏兄弟陽壽未盡，他也無權結束他們的狗命。張果老轉念一想，陽間的事自有陽間人來管，聽說開封府有個黑臉包青天，鐵面無私，辦案如神，這案子就讓他去管吧！於是，張果老拔下一撮驢毛，揉了揉再摻上一把黃泥，兩三下就捏成一隻黃狗。他念了念咒語，又對著泥巴狗吹了幾口仙氣，那黃狗一下子活了，撒開四條腿，一溜煙向人間奔去。

這時候，包公正坐在八抬大轎裡到開封府衙去坐堂。那黃狗一路追著這八抬大轎猛跑，邊跑還邊汪汪叫。大家都以為這條狗瘋了，誰也不敢攔牠的路，那狗飛快地就竄到了包公的轎前，衝著轎子汪汪叫得更凶了。差役們怕驚嚇了大人，連忙掄起水火棍把牠趕跑了。但是沒過一會兒，牠又追了上來。如此三番五次，差役們都覺得十分奇怪。

包公坐在轎內，起先也以為只是瘋狗鬧事，後來也越來越覺得事有蹊蹺，心想：「莫非此狗有什麼不平之冤，我可得管管。」於是，包公吩咐落轎，命手下放那狗過來，只見那狗跑到轎前，對著包公雙腿跪下，雙眼掉淚。

包公問道：「黃犬黃犬，你莫非要告狀嗎？」黃狗點點頭，連叫三聲。

包公又問：「你狀告何人？」

黃狗站起來搖了搖尾巴，就慢慢朝前跑去。包公明白此案非同小可，連忙吩咐差役跟著狗。黃狗在前面慢慢跑著，差役們抬著轎子在後面不緊不慢地跟著。走了約有一個時辰，黃狗跑到一棵大柳樹下就停住了，牠用鼻子聞了聞，就汪汪叫著用爪子扒起土來。包公已然明白黃狗的用意，忙命差役趕快找工具挖土。

差役忙去附近農家借來鋤頭，用力挖了起來。不一會兒，就挖出一具屍體，搬開屍體，下面是幾個大珠寶箱和一個玲瓏別致的小寶匣子。打開一看，全是價值連城的黃金珠寶。

包公明白，這是一宗殺人越貨的大案，到底凶手是誰呢？包公正在那裡細細分析案件，只見那黃狗叼來 個繡花荷包，上面寫著「臥虎鎮曹國舅」。包公又命衙役們在周圍細細勘察，不 會兒，一個衙役找到一個小酒壇，上邊寫有「曹氏」二曹國舅心中雖然膽怯，但事到如今，只好耍賴道：「酒壇和荷包都是我的，但這能證明什麼呢？我又沒有害人！」

包公沒想到曹國舅如此蠻橫無賴，一時之間，倒也沒什麼好辦法。

就在包公騎虎難下的時候，一個人輕飄飄地走了進來。曹國舅抬頭一看，一下子變得面如土色，大叫一聲：「鬼！鬼！有鬼啊！」

他立刻雙腿發軟，癱倒在地。原來進來的不是別人，正是被曹國舅等人害死的那個珠寶商人。

那商人大聲地冷笑道：「曹國舅，你們兄弟四人用蒙汗藥害死了我，埋在大柳樹下，又奪了我的還魂珠。快快給我拿命來！」說著撲在曹國舅身上，這下子，曹國舅魂都嚇掉了，瑟瑟發抖，撲通一聲跪在地上，叩頭如搗蒜地說：

「商人老爺，你老確實是我兄弟四人害死的。我知道錯了，你就饒了我們這幾條小命吧！我兄弟一定給你風光大葬，再請來和尚道士超度你早升天界！」

沒想到，那珠寶商人突然哈哈大笑起來，笑完了才慢條斯理地說：「原來是你們兄弟四人啊！我喝多了，睡了一覺，如今，我又活了。國舅爺，把我的還魂珠還給我吧！」說完，又把手伸到曹國舅臉邊，嚇得曹國舅又連連叩頭道：

「商人老爺，你是死了，是我親手害死你的！饒命呀！」

包公見曹氏兄弟已經認罪，便把袍袖一甩，大喝一聲：「來人呀！自古殺人償命，給我把曹氏兄弟綁上，推出城外斬首！」

衙役們得令，一擁而上，將曹氏兄弟五花大綁推到了城外的的刑場上。刑場上早就預備好了虎頭鍘刀，就聽包公大吼一聲：「開鍘！」一口口光閃閃的虎頭鍘刀被抬起來，衙役們把曹氏四兄弟按進了鍘口，鍘刀一落下，四兄弟就會人頭落地。

這時，一個趕驢老漢喊道：「鍘下留人！」

那老漢走到包公面前道：「包大人，你鐵面無私，不怕高官顯貴，確實是青天大老爺。不過，那商人現在的確已經活了，是我用他的還魂珠幫他還陽的。既然人活了，我看就不要判他們死罪了，要知道，苦海無邊，回頭是岸啊！」

包公見此人鬚髮皆白卻精神奕奕，知道不是平凡人，又見他趕了一頭毛驢，馬上醒悟過來，連忙施禮道：「仙人難道是神仙張果老？」

張果老點了點頭，哈哈一笑道：「是啊，但我並非什麼神仙，不過是個窮趕驢一。這佟善仁，平時裝著吃齋念佛，做出一副善人的樣子，自命為「佟善人」。這騙得了別人可騙不了曹國舅，他對佟善仁的為人一清二楚。這人表面上裝著一副菩薩心腸，背地裡卻是一個見錢眼開，貪得無厭的小人。他依仗著家裡家財萬貫勾結官府、魚肉百姓。曾在荒年裡把佃戶逼得妻離子散，知道他底細的老百姓都恨透了他。曹國舅一看，心中大喜，心說：「真是踏破鐵鞋無覓處，得來全不費工夫。我正愁不知懲戒哪個惡霸，你就自己送上門來了。」

這時，佟善仁竟「撲通」一聲跪在地上，給曹國舅叩了個響頭，恭恭敬敬地說：「國舅大人，你想得兄弟我好苦啊！你一走就是兩年，曹太后打發人四處尋找也不見你的蹤跡。我們這些兄弟們更是天天盼、日日想，希望你回來替我們撐腰作主啊！沒想到今天讓我遇到了你的大駕。不行，說什麼你也得到我家去，我要為你接風洗塵。」說完，也不管曹國舅願不願意，就死皮賴臉地把曹國舅拖到了他的家中。

佟善仁立刻命人準備酒菜。不一會兒，酒菜準備妥當，佟善仁就拉著曹國舅入了席。等酒過三巡，菜過五味，佟善仁才醉醺醺地討好說：「看國舅大人這般模樣，想必這兩年在外頭一定發了不少財。大人，兄弟這兩年不走運，虧了不少錢，還指望國舅爺給我指條生財之路呢！」

曹國舅聽了暗自好笑，心說：「我說你怎麼這麼熱情呢，原來是有求於我。」曹國舅就告訴他，這幾年在外邊並沒有找到什麼生財之道，只不過是跟著幾位仙人到深山修煉去了。

這佟善仁一聽曹國舅有求仙得道的本事，更是來了精神。要知道，越有錢的人越是希望長生不老，這佟善仁之所以吃齋念佛，一方面是為了自命仁慈，另一方面也是為了能夠得到菩薩保佑，長生不老、永享富貴。如今聽說曹國舅修煉了兩年仙道，便纏著曹國舅非傳授他一點法術不可。

曹國舅打心裡覺得煩，本不想理他，突然想到了一個懲治他的好辦法，就對他說：「兄弟，不瞞你說，這幾年我別的本事沒有，只學了一點點石成金的法術，有了一點飛簷走壁的本領。」

這佟善仁對別的東西不感興趣，但一提到錢，他就算睡著了也會立刻跳起來，問問是怎麼回事。今天聽說曹國舅會點石成金，佟善仁差點沒把下巴給笑掉，他嘻丁使個眼色，那兩個家丁忙去拖坑裡的老媽媽。拖啊拖啊，一直從坑裡拖出三十多個老媽媽來，坑裡卻還有一個老媽媽哭著喊著要上來，佟善仁沒法只得繼續拉。一直拉到掌燈時分，佟善仁和家丁們個個累得滿頭大汗，腰痠背痛，大坑邊上也已經站了四、五十個老媽媽，可是坑裡仍有一個老媽媽沒上來。佟善仁真有些傻眼了，他一個個細細看過來又看過去，每個老媽媽手裡都握著一個麻錢，長得也完全一模一樣。

這時候，佟家客廳裡可熱鬧了，這些老媽媽個個火藥脾氣，一個要奉茶，一個要丫環捶背，坑裡的老媽媽嘴裡也不閒著，稍微拉得慢了就破口大罵，一陣工夫，佟善仁的腦袋都亂套了，心想：「哎喲，平時一個媽就夠我受的了，現在鑽出這麼多媽來，這不是要我命嗎？究竟哪個是我真媽呀？」他突然想起曹國舅，連忙找人，轉了一圈也沒見到曹國舅的人影。家丁說曹國舅喝醉了酒，在後書房睡覺。

佟善仁幾乎是連滾帶爬地跑到了後書房，叫醒了正睡得香甜的曹國舅，慌慌張張把剛才的事說了一遍，央求曹國舅一定要把他的真媽找出來，曹國舅心裡暗自好笑，還裝著十分為難的樣子說：「這可難了，我說，你一個人守著坑就行了，誰叫你們沒事都跑到坑邊去看呢？」佟善仁連連哀求，曹國舅才勉強答應幫忙去看看，但不敢保證能夠認出來。

佟善仁在前面帶路，曹國舅慢吞吞跟在後邊來到客廳裡，他握著鬍子，裝模作樣的這個老媽媽瞅幾眼，那個老媽媽看幾下，連連搖頭。過了半天他走到佟善仁面前把手一攤，無可奈何地說道：「這麼多老媽媽都長得一模一樣，把我眼睛都看花了，實在認不出來。」

佟善仁一聽洩了氣，忙問：「那坑裡這個怎麼辦？」

曹國舅說：「依我看你還得拉上來呀！要不然，坑裡的錢就不出了。」

佟善仁想了想，還是賺錢要緊，就咬了咬牙，命令家丁繼續從坑裡往外拉，不到一頓飯工夫，竟拉出了一百多個老媽媽，坑裡總是還有一個老媽媽大哭叫著要上來。

佟善仁扳著指頭算了算，忙把曹國舅拉到一邊，器喪著臉說：「國舅大人，你快想想辦法吧！你看她們每人手裡才只有一個麻錢，連吃一碗飯都不夠，這一百多個老不死的廢物，不把我的家產全吃光了嗎？」

打著玉板，口哼歌謠，幽默詼諧的——藍采和

藍采和喜歡穿藍長衫，
有人說可能是因為這個原因才認為他姓藍，
一隻腳還有點跛，拿著一副三尺長的大拍板，
一邊走，一邊唱，
歌詞非常特別，引得眾多路人爭相追隨。

有一天，漢鐘離從天庭返回的路上，發現在洛陽城中有道青光直射上天，定睛一看，原來那人竟是正在勾欄中打盹的藍采和。漢鐘離看到藍采和身上仙氣不凡，可惜卻被俗塵美景蒙蔽，沉溺於小我的歡愉與滿足中，每日為市井的一點繁瑣悲喜起伏，感覺非常可惜，於是決心下到凡間度脫這昏昏然的藍采和。

漢鐘離化成一位道人，來到藍采和的勾欄中，門口的喜千金熱情招呼漢鐘離進門，漢鐘離也不正眼看喜千金，大大剌剌的就坐到樂床上了，喜千金一看，臉上一下子就沒了笑容。原來元朝人看戲，男人和女人要分開坐，這樂床是專門讓女人來坐的，而男人必須坐到神樓上或腰棚裡，漢鐘離坐到樂床上，一看就是不怎麼懂看戲的人，而且這男人一旦坐到樂床上，女客們肯定不敢到勾欄裡看戲。

喜千金垮著一張臉，提醒漢鐘離說：

「客倌，這兒是女人坐的，男人要到那邊去！」

漢鐘離也不理她，依舊搖扇，顧自坐著，催一邊的雜役趕緊找名角來唱戲。

喜千金好歹也是勾欄裡掛上名的角兒，看著漢鐘離不把自己放在眼裡，一跺腳，氣呼呼就跑到裡屋去找藍采和。

「外面來了一個瘋道士，偏要坐到女人家坐的樂床上，勸也不聽，還吵著要名角過去唱戲給他聽，擺明是來掀場子的！」

藍采和慢慢從迷迷糊糊中睜開眼睛，看著喜千金橫眉對著自己，風韻猶存的臉上掛滿了孩子般的嗔怒，趕緊笑嘻嘻地說：

「娘子息怒，不管是什麼人，只要惹惱了娘子，老采兒俺一定幫妳把他給擺平。」

說完便搖搖晃晃地直奔漢鐘離去了。

漢鐘離在樂床上笑咪咪地看著藍采和走到近前，隨時把臉扭到一邊，不再理他，不過藍采和摸爬滾打這麼多年，什麼人都見過了，知道這道士可能是個牛脾氣，心想硬的不行，乾脆就軟的，忙上前作揖道：

「老道長，您是哪座山上的神仙，竟到我這小小勾欄，真是蓬蓽生輝，能否到腰棚裡一坐，你我好好敘敘。」

漢鐘離轉過頭來，笑道：「老采兒，你這是想讓我騰開位置吧！告訴你，我這次來不是為了看戲，是為了找你，貧道念你有七分慧根，三分仙氣，特地從天上下還真有那麼巧，恰恰這一天，幾個差役到藍采和家，說大人要聽藍采和唱戲，藍采和藉著酒勁，跟差役說：

「今天是我的好日子，我不能去，讓我大表哥去吧！」

差役不允，藍采和著急了：「那就讓二表哥上上妝，遮一下臉，應該沒人看得出來！」

但差役還是堅持，大人只聽藍采和的戲！藍采和只好自己一個人嘟囔著，落寞地跟著差役過去，一邊走還一邊說：

「你們好好吃，留一點給我，晚上回來我們再喝酒。」

藍采和到了大人府邸後，大人一臉怒氣，說藍采和不遵命令，誤了官身，讓手下人拖下去杖打四十，可憐這從小就嫩生嬌養，如今又半百之軀的藍采和，哪能受到了這大棍棒的猛打，幾棒下去便皮開肉綻，精神恍惚了，朦朦朧朧中，藍采和又看到漢鐘離搖著扇子，笑嘻嘻地來到藍采和面前，藍采和趕緊叫了聲：

「師父，救我！」

漢鐘離問：「我如何救你？」

藍采和說：「棍棒之下，小老兒準沒命，還請師父為我求情，若撿回這條命，就甘願隨著師父修行！」

漢鐘離扇子一甩，哪裡還有什麼差役和大棒，看那一臉怒氣的大人竟是呂洞賓所化，原來漢鐘離為度脫藍采和，特令呂洞賓化為府尹大人，讓藍采和經受生命無常，主動度脫。

藍采和跟著漢鐘離修道後，果真慧根不淺，很快便領悟到無數道理。有一日，喜千金在大街上看到已經瘋瘋癲癲的藍采和，便要拉他回去，而藍采和卻笑笑搖頭，歌曰：

「踏踏歌，藍采和，人生得幾何？紅顏三春樹，流光一擲梭。

埋者埋，拖者拖，花棺彩轝成何用，箔卷像台人若何。

生前不肯追歡笑，死後著人唱輓歌。

飲酒時須飲酒，得磨跎處且磨跎。

莫恁愁眉常戚戚，但只開口笑呵呵。

營營終日貪名利，不管人生有幾何。

睡處時，突然從遠處傳出陣陣呻吟聲，藍采和趕緊衝了過去，看到一個鬚髯花白的老人，衣服凌亂，肚皮袒露，肚臍旁有一處潰爛傷口，濃臭的黑血正不停地流溢出來，老人滿臉痛苦，看著藍采和來到面前，於是哀求：

「恩公，快救我！」

藍采和心中不禁痛楚，彷彿眼前躺著的是自己的爺爺，他放下藥籃，蹲到老人面前，也不顧髒臭，用手使勁擠著傷口，然後一口一口地將裡面的黑血吸出來，拿出自己隨身準備的膏藥，敷在傷口上，但奇怪的是，這個平時止血療傷、百試不爽的膏藥，竟然無法止住老者傷口的潰爛，黑血還是一點點滲出來。

老人看著傷口不斷潰爛，搖頭說：

「真是個庸醫，連這麼簡單的傷口都治不好，如果能用水先把傷口洗一下，不是更好嗎？」

藍采和一拍腦袋，醒悟過來，說：「對呀，可以用水先把傷口洗乾淨再上藥，一定會更好些。」

可是當藍采和左右看的時候，又一籌莫展了，原來自己根本沒帶能打水的器具，而池塘還有一段距離，根本無法用手捧水來洗傷口。

老人似乎看出了藍采和的心思，大聲嚷道：「傻瓜，用籃子去打水啊！」

藍采和一愣，籃子？籃子打水不是等於白打嗎？看著老人怒氣衝衝的樣子，覺得還不如親自去打水，讓老人看看根本沒有辦法，於是也沒多說，提起籃子就到池塘邊，然後飛快跑回來，結果除了正滴著的水之外，籃子裡空空如也。

老人苦笑兩聲：「讓你去用籃子打水就去打啊，把籃子的孔堵起來不就行了？」

藍采和一肚子怨氣，但看到老人傷口潰爛的樣子，還是決定想想辦法，他提著籃子來到水邊，用手拔著池塘的小草，突然靈光一閃，心想：「對呀，泥巴能避免小草從水裡被沖走，不是也可以把籃子的孔堵上嗎？」於是藍采和趕緊弄了一些泥巴，把籃子糊得嚴嚴實實的，果然用籃子把水打上來了！

但當藍采和提著水到老者面前時，問題又來了，水因為在泥巴裡晃來晃去，結果變得混濁不堪，根本沒有辦法清洗傷口，老人又說：

「這種髒水怎能洗傷口，想要害死我嗎？趕緊弄點清水來！」

來，輕舟上的何仙姑，手持荷花，徐徐踩著荷葉也飛了起來，漢鐘離指著前方一片金光四射的地方說：

「蓬萊仙山，從此後便是你的棲身之所了。」

雲層逐次遠去，這山中，從此少了一個好郎中，卻多了一位道法高深的神仙。

國家圖書館出版品預行編目資料

八仙的故事 / 郭士宏作.
-- 初版. － 新北市板橋區：宏道文化, 2013.10
面； 公分. -- (經典傳奇；06)
ISBN 978-986-7232-75-5 (平裝)

539.596 97000744

經典傳奇06
八仙的故事

作　　者／郭士宏
發 行 人／詹慶和
總 編 輯／蔡麗玲
編　　輯／林昱彤・蔡毓玲・劉蕙寧・詹凱雲・黃璟安・陳姿伶
美術編輯／陳麗娜・李盈儀・周盈汝
出 版 者／宏道文化事業有限公司
郵政劃撥帳號／19934714
戶　　名／宏道文化事業有限公司
地　　址／新北市板橋區板新路206號3樓
網　　址／www.elegantbooks.com.tw
電子信箱／elegant.books@msa.hinet.net
電　　話／(02) 8952-4078
傳　　真／(02) 8952-4084

2013年10月二版一刷　定價 180 元